Das Buch

»Und wo bleibt die Würde des Alters?« fragt die Dame am Telefon. »Die können Sie unter dieser Nummer nicht erreichen«, sagt die Autorin. Man kennt Lotti Huber als Hauptdarstellerin in Rosa von Praunheims Filmen, als temperamentvolle Teilnehmerin an Talkshows, als Diseuse, als Kultfigur. Eine alte Frau, aber von soviel Leben erfüllt, so unbekümmert, unkonventionell und selbstbewußt, daß sich Leute, die Jahrzehnte jünger sind als sie, ganz blaß und matt vorkommen. Hier kann man aus erster Hand nachlesen, was für ein ungewöhnliches Leben diese ungewöhnliche Person geführt hat (aus der Hand liest sie übrigens auch). 1988 flog sie zum erstenmal nach New York, zur Premiere des Films ›Anita‹. »What is your purpose for coming here, Madam?« fragte der Paßbeamte. »To have some fun, baby!« zischte sie. In der Tat – diese Zitrone hat noch viel Saft.

Die Autorin

Lotti Huber, 1912 als Tochter großbürgerlicher jüdischer Eltern in Kiel geboren, verweigerte sich schon als junges Mädchen dem Zwang der Konventionen. Sie wollte immer zur Bühne, zum Theater. Aber die Nazis schickten sie ins KZ. Sie wurde freigekauft, ging nach Palästina und Ägypten, tanzte in Nachtklubs, heiratete einen englischen Offizier, ging dann nach Zypern, wo sie ein Restaurant eröffnete, nach 1945 mit ihrem zweiten Mann, ebenfalls einem englischen Offizier, nach London und Anfang der 60er Jahre wieder nach Berlin. Sie gab Englischunterricht, übersetzte Trivialliteratur, eröffnete eine Tanzschule, arbeitete als Filmstatistin und lernte schließlich Rosa von Praunheim kennen, durch dessen Filme sie mit 75 Jahren zum Star wurde. In Buchform ist außerdem von ihr zu haben: ›Jede Zeit ist meine Zeit‹ (1991).

Lotti Huber:
Diese Zitrone hat noch viel Saft!
Ein Leben

Deutscher
Taschenbuch
Verlag

dtv

Ungekürzte Ausgabe
April 1993
2. Auflage Mai 1993
Deutscher Taschenbuch Verlag GmbH & Co. KG,
München

ISBN 3-905482-63-0
Umschlagtypographie: Celestino Piatti
Umschlaggestaltung unter Verwendung einer
Zeichnung von Brigitte Krüger
Fotos: Bret Baugham (XIX), Stefan Erhard (XX),
Gertrude Goroncy (XIV, XV, XVII, XXI, XXIII oben, XXIV, XXV, XXVIII, XXIX),
M. Hasui (XVIII),
Klaus Rabien (XVI), Ekko von Schwichow (XXIII unten, XXVI, XXVII)
und Privatarchiv
Lektorat: Helmut Lotz, Berlin
Die Liedtexte ›Elsa‹, ›Nach dreißig Jahren‹, ›Bekenntnis zur Lust‹ und
›Fehltritt in den Dünen‹ erscheinen hier mit freundlicher
Genehmigung des Traumton Musikverlags, Berlin
Gesamtherstellung: C.H. Beck'sche Buchdruckerei,
Nördlingen
Printed in Germany · ISBN 3-423-11673-0

Alles geben die Götter, die unendlichen,
ihren Lieblingen ganz,
alle Freuden, die unendlichen,
alle Schmerzen, die unendlichen, ganz.

Johann Wolfgang von Goethe

Gedanken auf der Flucht

Tochter aus gutem Hause
– daß ich nicht lache!
Kommen wir doch zur Sache.
Meine Mutter sagte mir: Vom Gelde spricht man nicht.
Das ist ordinär
– oder so ungefähr.

Liebste Mama,
man erläßt dir die Miete nicht für dein hübsches Gesicht.
Und was machst du, wenn dein Magen schreit:
Es wird Zeit, es wird Zeit,
gib mir was zu essen.
Was machst du dann mit deinen Noblessen?
Und wenn dein Herz nach Liebe wimmert
und sich kein Aas mehr um dich kümmert,
wenn du spürst, du bist ein ungebetener Gast,
teils geduldet, teils gehaßt
in einem fremden Land,
sehnst dich nach eines Freundes Hand
– was machst du dann?

Ach, Mütterlein!
Warum hast du mich nicht darauf eingestimmt,
ich meine – wie man sich dann benimmt?
Statt dessen lehrtest du mich,
die Teetasse zu balancieren,
elegant, mit der linken Hand,
den selbstgebackenen Kuchen
der Gastgeberin zu versuchen,
geistreiche Konversation zu machen
und an den passenden Stellen amüsiert zu lachen.

Mütterlein!
Glaub mir, es lacht sich schwer,

hat man keine Heimat mehr.
Und dann geschah ein Wunder:
Ich warf ihn weg, den ganzen Plunder.
Ich überlebte, als die Welt in ihren Fugen bebte.
Ich kämpfte mich durch die ganze Misere,
und jetzt bin ich hier:
Habe die Ehre!

So war's. Herausgeschleudert aus wohlbehütetem deutschjüdischen Elternhause, herausgeschleudert aus einem wohlhabenden, großzügigen Milieu, mußte ich um mein Leben kämpfen. Und natürlich hat das die Werte verändert, die ich von Hause aus mitbekommen habe. Sie haben sich gewaltig verändert.

Als ich 1982 eine Einladung in meine Heimatstadt Kiel bekam, um der Premiere von Rosa von Praunheims Film ›Unsere Leichen leben noch‹ beizuwohnen, war meine erste Reaktion ein heftiges: Nein. Aber dann dachte ich an den Titel von Rosas Film: Unsere Leichen leben noch. Wie provokativ! Kurz entschlossen entschied ich mich: Ich komme.

Ich bummelte durch die Straßen Kiels. Fast sechzig Jahre – sechzig Jahre! – ist es her, daß ich in dieser Stadt gewesen bin. Nie wieder wollte ich sie betreten. Wie oft mußte ich lernen: Sag niemals nie. Ich ging durch die Holstenstraße, die damals die Hauptstraße Kiels war. Ja, an dieser Ecke mußte es gewesen sein. Da war es, das Holstenhaus, heute der Sitz einer großen Kosmetikfirma. Ich erinnere mich sehr deutlich an unser Geschäft.

Mein Vater war Textilkaufmann, hatte seine Lehre, wie er uns immer begeistert erzählte, in Görlitz gemacht und war dann seinem Bruder, meinem Onkel Emil, nach Kiel gefolgt, der in der Holstenstraße ein Damenkonfektionsgeschäft besaß – das Modehaus »Berju«. Mit der Mitgift meiner Mutter kaufte mein Vater auch ein Haus in der Holstenstraße, Ecke Faulsstraße, und etablierte sich dort zunächst einmal mit einem Herrenausstattungsgeschäft. Später eröffnete er dann ein Textilhaus, das sehr bekannt wurde: das Holstenhaus.

In der unteren Etage führte er Wolle, Baumwolle und die

üblichen Stoffe, in der ersten Etage gab es Brokate und hinreißende Seiden aus Paris. Wie mein Vater seine Stoffe liebte! Er hatte eine richtige Liebesaffäre mit ihnen. Entzückt erklärte er der Gräfin Reventlow, die eine treue Kundin von ihm war, wie herrlich die Brokate und Seiden aus Lyon waren: »Schauen Sie diese Seide an, wie sie fließt. Ein Gedicht!« Dabei küßte er sich verzückt die Fingerspitzen. Schon damals kosteten solche Stoffe 150 Mark den Meter. Das Holstenhaus belieferte damals das Stadttheater mit den herrlichsten Stoffen für Opern und Operetten.

Beide, meine Mutter und mein Vater, stammen aus Posen. Meine Mutter aus Lissa, das nach dem Ersten Weltkrieg polnisch wurde. Mit 18 Jahren wurde sie von meinem Großvater mit meinem Vater verheiratet. Mein Vater war damals doppelt so alt wie meine Mutter. Er war ein eingefleischter Junggeselle gewesen, erzählte mir meine Mutter. Aber, so jung sie damals war, nahm sie ihn bald an die Kandare. Und sie war es auch, die der Boß der Familie wurde. Ihre Heirat war, was man damals eine »mariage de convenance« nannte.

Auch mein Großvater hatte ein Herrenausstattungsgeschäft gehabt. Mein Vater war ein Geschäftsfreund von ihm gewesen. Daher beschloß mein Großvater, daß er der geeignete Ehemann für seine Tochter sei. Meine Mutter bekam eine Mitgift von 25000 Goldmark, und damit war die Sache geritzt. Entsetzlich! Es war bestimmt keine Liebesheirat, als die 18jährige Johanna Leipziger dem 36jährigen Robert Goldmann ihr Jawort gab. Aber meine Mutter ist ihrem Mann bis zu seinem Tode eine treue Lebensgefährtin gewesen.

Von Sexualität hatte sie trotz der drei Kinder, die sie pflichtgemäß bekommen hatte, keine Ahnung. Ich erinnere mich, wie erschüttert und gerührt ich gewesen war, als sie mich einmal – ich war schon über dreißig Jahre alt – ganz schüchtern fragte: »Sag mal, was ist das eigentlich, ein Orgasmus, von dem man heutzutage so viel redet?« Meine entzückende, schöne Mutter hatte in ihrem ganzen Leben keinen Orgasmus erlebt! Und darüber bin ich heute noch traurig.

Ich entsinne mich einer amüsanten Geschichte, die sie mir erzählte: Als sie jung verheiratet nach Kiel kam, steckten ihr die besten Freunde und Verwandten, daß mein Vater ein Verhältnis mit der ersten Verkäuferin des Geschäftes, einer üppigen Blondine, hatte. Während der ersten Geschäftsreise meines Vaters nach der Eheschließung ergriff meine Mutter die Gelegenheit, die junge Dame rauszuwerfen. Nach seiner Rückkehr stellte mein Vater verdutzt fest, daß sein »Verhältnis« verschwunden war. Auf seine Frage nach dem Verbleib der Verkäuferin erklärte ihm meine Mutter kühl, daß sie verantwortlich für den Rausschmiß »dieser Person« sei.

Die Unterhaltung fand am Frühstückstisch statt. Es war Frühjahr, die Fenster standen weit offen, der Duft von Flieder vermischte sich mit dem Aroma des Kaffees. Da machte es plötzlich Peng! Wütend hatte mein temperamentvoller Vater bei der Offenbarung meiner Mutter seine Kaffeetasse aus dem Fenster geworfen. Woraufhin meine Mutter, ohne zu zögern, den Rest des Kaffeegeschirrs hinterherschmetterte. Damit hatte sie ein für allemal ihren Standpunkt klargelegt. Mein Vater trat den Rückzug an.

Er, der heimlich üppige Blondinen bewunderte, hat meine Mutter sein ganzes Leben lang unglaublich respektiert und geachtet. Im Holstenhaus hatte sie volle Prokura. Er vertraute ihren Fähigkeiten und nannte sie liebevoll »Prokuristin Johanna«. Ja, sie war eine tolle Frau. Ich bin überzeugt, daß sie in der heutigen Zeit ein Studium ergriffen hätte. Sie wäre eine hervorragende Juristin geworden. Aber zu ihrer Zeit und bei einem Vater wie ihrem wäre es unmöglich für sie gewesen, sich anders als durch die Ehe von ihrem Elternhaus zu lösen. Alles, was sie in ihrem Leben versäumt hatte, sollte sich für ihre Tochter erfüllen, wünschte sie sich.

Unter der Weimarer Verfassung durften die jungen Mädchen Abitur machen und studieren. In unserem Oberlyzeum gehörte ich zum zweiten Jahrgang, dem das möglich war. »Du mußt studieren«, sagte meine Mutter, »Literatur, Theaterwissenschaft. Und dann wirst du Schauspielerin. Du hast das Zeug dazu. Heirate nie! In der Ehe gibt die Frau meistens ihre Persönlichkeit auf, der Mann nie.«

Ähnlich, aber etwas weniger radikal, sprach zu uns unsere Schuldirektorin, Frau Oberstudienrätin Schulze. »Meine Damen«, sagte sie, »wir« – damit meinte sie ihren Jahrgang – »haben für die Emanzipation der Frau gekämpft. Und wir erwarten, daß Sie sich unserer Opfer würdig erweisen. Also erst das Studium, dann der Beruf und dann die Ehe – wenn es unbedingt sein muß«, fügte sie mit einem Lächeln hinzu.

Die letzten drei Schuljahre waren für meine Entwicklung ziemlich wichtig. Wir nannten sie damals Obersekunda, Unterprima und Oberprima. Meine Lieblingsfächer waren Deutsch, Geschichte, Englisch und Französisch. In Mathematik, Physik und Chemie kam ich gerade über die Runden. Besonders liebte ich Geschichte und meine Geschichtslehrerin, Fräulein Kühl. Sie war um die vierzig und faszinierte mich mit ihrem schönen, herben Gesicht. Und immer trug sie lange Schals romantisch um ihre Schultern geschlungen. Sie machte aus jeder Geschichtsstunde ein spannendes Erlebnis.

Unvergeßlich geblieben ist mir, wie sie über die »Imponderabilien« sprach, über das Unwägbare im menschlichen Geschick. »Es sind die Imponderabilien, die alle cleveren Kalkulationen und Strategien zunichte machen«, erklärte sie immer wieder an Hand von großen Ereignissen. Ja, die Imponderabilien, die habe ich auch kennengelernt und das Wort nie mehr vergessen. Wie glücklich bin ich, daß ich diese letzten Jahre in der Schule noch mitbekommen habe. Einige Jahre später war es uns Juden nicht mehr möglich, eine deutsche Schule zu besuchen.

Schon in frühen Jahren zeigte ich große Musikalität und tänzerische Begabung. Meine Mutter hat mir immer erzählt, daß sie mich ins Leben getanzt habe: Übermütig hatte sie an dem Abend vor meiner Geburt mit meinem Onkel Herrmann aus Breslau um den großen Eßtisch herum Walzer getanzt. Am 16. Oktober 1912 um fünf Uhr morgens war ich da. »Schau mal das Kind an«, pflegte meine Mutter später auszurufen, »schau, sobald Musik erklingt, tanzt sie und kann noch gar nicht richtig laufen.«

Wie alle Töchter aus sogenanntem guten Hause bekam ich mit sechs Jahren Ballettunterricht: bei der Ballettmeisterin des Kieler Stadttheaters. Sie war die Frau des damaligen Intendanten Dr. Elwenspoek. Immer wieder versicherte sie meiner Mutter, wie begabt ich sei. Deshalb mußte ich bei jeder passenden und unpassenden Gelegenheit – Geburtstagen, Hochzeiten und so weiter – ein Tänzchen vorführen, mal als Schäferin, mal als Harlekin, mal als Elfe, mal als Schmetterling. Begleitet wurden meine Darbietungen von einer Pianistin, einer Frau um die fünfzig, von ungeheurer Körperfülle. In Kiel war sie als »Original« bekannt. Keine Familienfeier, bei der sie nicht die Gäste mit ihrem Klavierspiel erfreute. Als besonderen Gag stülpte sie sich bei christlichen Veranstaltungen eine blonde Perücke auf ihr ergrautes Haar, bei jüdischen eine schwarze.

Für mich hatte sie eine besondere Schwäche und phantasierte von großen Möglichkeiten einer Karriere. Im Geiste sah sie mich schon in Hollywood und sich selbst als Begleiterin. »Kommt nicht in Frage«, rief meine Mutter empört. Erst mit 75 Jahren bin ich zum erstenmal in die Staaten geflogen und hatte in New York einen Riesenerfolg in Rosa von Praunheims Film ›Anita Berber – Tänze des Lasters und des Grauens‹. Was lange währt, wird endlich gut, kann man da nur sagen.

»Und jetzt wirst du in die Schule gehen«, teilte meine Mutter mir mit. »Oh, fein. Kann ich dann alle meine Märchenbücher selber lesen?« – »Natürlich, Liebling, und du wirst eine Freundin haben.« – »Wie wird sie heißen?« Für einen Moment dachte meine Mutter nach, dann sagte sie: »Anneliese.« Aufgeregt erwartete ich den Tag. Mit einer großen Schultüte bewaffnet, stand ich an der Hand meiner Mutter vor der Volksschule und wartete wie viele andere Mädchen auf die Einschulung.

»Wo ist Anneliese?« fragte ich ungeduldig. »Ja, hm...« Suchend guckte sich meine Mutter um und deutete auf ein Mädchen, das neben uns stand. »Anneliese!« Ich lief auf sie zu. »Ich heiße nicht Anneliese, ich heiße Gertrud«, sagte das blondgelockte Mädchen und versteckte ängstlich den Kopf im Mantel ihrer Mutter. Empört blickte ich zu meiner Mama auf. »An-ne-

lie-se, wo ist Anneliese?« brüllte ich los. Da kam ein kleines Mädchen mit knallroten Haaren und Sommersprossen auf der Stupsnase auf mich zugelaufen. »Ich heiße Anneliese, wie heißt du?« Über die Schulzeit hinaus blieben wir unzertrennlich, bis die Nazis unserer Freundschaft ein schmerzliches Ende bereiteten.

Was uns besonders verband, waren die Angriffe einiger Klassenkameradinnen. Sie verhöhnten uns, Anneliese als Rotfuchs und mich als Jüdin. Besonders Ortrud hatte es immer wieder auf mich abgesehen: »Mein Vater sagt, ihr habt unseren Herrn Jesus getötet.« Weinend lief ich nach Hause. »Ist das wahr, Mama? Sind wir Mörder?« – »Unsinn, Christus ist selber ein Jude gewesen. Die Römer haben ihn ans Kreuz geschlagen.« Erleichtert atmete ich auf. Als wir das Deutschlandlied auswendig lernten, attackierte Ortrud mich von neuem: »Mein Vater sagt, du hast kein Recht, das Deutschlandlied zu singen. Du bist keine Deutsche.« Ortruds Vater wurde später ein prominenter Nazi.

Nicht nur das »Anderssein« verband mich mit Anneliese. Ständig bekamen wir in Betragen eine Vier, und – was wichtiger war – wir hatten viele gemeinsame Interessen. Sie spielte wunderbar Klavier, und ich war noch einen Zacken schärfer als sie im Ausdruck von Tanz und Schauspiel. Wenn ich Gedichte vortrug, mußte ich sie gleich darstellen: »Was willst du mit dem Dolche, sprich...« Mit lodernden Augen und gezückten Kochlöffeln sprang ich auf Anneliese zu. »Lotti! Hör auf, du machst mir angst.«

Mir machten einige meiner Lehrer angst. Die Beschwerden meiner Mutter, was Ortruds rassistische Pöbeleien betraf, stießen auf taube Ohren und bedauerndes Achselzucken: »Ach, das sind doch nur Kindereien.« Unser Biologielehrer ließ immer wieder chauvinistische und abfällige Bemerkungen über England und Frankreich fallen, von Amerika ganz zu schweigen. Dabei war Professor M. alles andere als ein arisches Schönheitsideal. Mit seinen schütteren Haaren, einer ständig tropfenden Spitznase, Schweinsäuglein und einem nicht unbeachtlichen Bauch konnte er nicht genug von der rassischen Überlegenheit und Schönheit des arischen Menschen schwärmen. Über Jahre hinweg leicht genommene Warnungen – bitterböse Vorzeichen, bis es zu spät war.

Viel mehr als die Schule interessierte mich der Tanz. Ein neues Element verdrängte allmählich die Begeisterung für das Ballett: der expressionistische Tanz. Ich war inzwischen ein Teenager – damals nannte man es »Backfisch« (»Mit 14 Jahren und sieben Wochen ist der Backfisch ausgekrochen«) – und fühlte mich von dieser neuen, aufregenden Ausdrucksform des Tanzes hypnotisch angezogen. Es war eine wundervolle Zeit, eine Zeit des Aufbruchs im Tanz. Isadora Duncan, die große amerikanische Tänzerin, war unser Idol. Warum sollten wir uns quälen mit albernen Tutus, warum mit Röschen und Schleifen dekoriert herumtrippeln? Wir waren jung, fühlten uns stark, waren stolz auf unseren Körper, während die Generation vor uns körperscheu war und sich ihrer Nacktheit schämte. Der große Weltkrieg hatte Schluß gemacht mit allen alten, verstaubten Prinzipien. Die Jugend nach dem Krieg wehrte sich gegen den alten Zopf, gegen die scheinheilige Moral ihrer Eltern, gegen deren Prüderie. Sie war sich ihrer Sexualität bewußt. Weg mit allem, was dich einengt, war die Parole. Erlebe deinen Körper in all seiner natürlichen Schönheit!

Als ich 14 Jahre alt war, gab mir meine Mutter ein Korsett mit den Worten: »Das mußt du jetzt tragen. Es schickt sich nicht, daß du deinen Körper zur Schau stellst. Du bist ja schon fast eine junge Frau.« Ich warf das Korsett in hohem Bogen aus unserem Toilettenfenster in den Hof. Niemals habe ich so etwas getragen.

Während das Ballett vom Rücken her linear die Balance bestimmte und strengen Regeln folgte, tanzten wir, von allen Regeln befreit, aus dem Bauch heraus. Unsere Themen waren: der Aufstand, die Leidenschaft, die Liebe, die Gefangenschaft, die Versklavung, der Tanz mit dem Wind, die Eroberung des Raumes und vieles mehr. Die großen Interpreten des modernen Tanzes – Mary Wigman, Gret Palucca, Harald Kreutzberg, Rudolf von Laban mit seinen großartigen Arbeiter-Bewegungschören – begeisterten uns und feuerten uns an, ihnen nachzueifern. Befreit von den Vorurteilen unserer Eltern, verstanden wir nicht, warum der Po eines Menschen unanständiger sein sollte als sein Kopf. Und so tanzte ich mit 17 Jahren selig und beschwingt am Strand von Schilksee, splitternackt, wie Gott mich geschaffen hatte.

Aber noch einmal zurück zu meiner Familie. Ich hatte zwei Geschwister: meinen Bruder Walter, zwei Jahre älter als ich, und meinen drei Jahre jüngeren Bruder Kurt, der sich später Ruwen Golan nannte. Wir drei Gören hatten eine glückliche Kindheit, großzügige, liebevolle Eltern, die uns keinen Wunsch abschlugen. Mein Vater distanziert, aber seiner Pflichten bewußt, sorgte für die nötigen Finanzen. Für unser Seelenheil zuständig war meine Mutter. »Geh zu deiner Mama, sie wird's schon machen«, verwies uns Vater immer wieder auf sie. Sie war das wirkliche Oberhaupt der Familie und hatte alles fest in der Hand. Unbekümmert tobten wir drei Kinder in unserer großen Sieben-Zimmer-Wohnung in der Holstenbrücke 6 herum. Unterstützt wurde der Haushalt von einem Dienstmädchen, einer Köchin, einem Kinderfräulein, einer Weißnäherin und einer Waschfrau.

Unsere Wohnung lag in der dritten Etage des Hauses. Unter uns wohnte der Bankdirektor R. – oh, Verzeihung: der Herr Bankdirektor R. – mit seiner Gattin und fünf erwachsenen Kindern, zwei Söhnen und drei Töchtern. Die drei Töchter starben nacheinander an Tbc, während den Söhnen dieses traurige Schicksal erspart blieb. Einer von ihnen war im Ersten Weltkrieg Leutnant gewesen. Jedesmal, wenn die Frau Bankdirektor mit diesem Sohn unserem Dienstmädchen auf der Treppe begegnete, herrschte sie sie an: »Platz für mich und meinen Sohn, den Herrn Leutnant!« Worauf »Tatatäta«, so nannten wir Kinder unser Dienstmädchen – eigentlich hieß sie Lisbeth –, sich eingeschüchtert an das Treppengeländer drückte und die Herrschaften vorbeirauschen ließ.

Diese Geschichte wurde uns Kindern immer wieder ausführlich erzählt, und wir spielten die Szene begeistert nach. Mein älterer Bruder war der Herr Leutnant, ich die Frau Bankdirektor und mein jüngerer Bruder »Tatatäta«. »Platz für meinen Sohn, den Herrn Leutnant!« wurde für lange Zeit unser Lieblingsspiel. »Tatatäta« lieferte uns noch eine andere faszinierende Geschichte aus dem Haushalt des Herrn Bankdirektor. Da sie und die Hausangestellte des Herrn Bankdirektor auf dem Dachboden ihre Zimmer hatten, tratschten und quatschten die beiden immer ausführlich über ihre Herrschaften.

Seit Jahren sprachen Herr und Frau Bankdirektor kein Wort mehr miteinander. In ihrer großen Wohnung saß er im Salon, während sie sich im Speisezimmer niedergelassen hatte. »Sag dem Herrn Bankdirektor, daß das Essen fertig ist«, befahl sie ihrer Hausangestellten. Und mit den Worten »Sag der Frau Bankdirektor, daß ich bereits auswärts gegessen habe« jagte er das Mädchen wieder zurück zu der »Gnädigen«. Hin und Her, Pingpong-Spiel einer Ehe.

In Erinnerung daran habe ich folgende Verse geschrieben:

Nach dreißig Jahren

Du, der du neben mir auf dem Kissen liegst,
schläfst du noch?
Dreißig Jahre haben wir uns ertragen
und haben uns nichts mehr zu sagen.
Immer mehr haben wir uns voneinander entfernt
und haben nichts dazugelernt.
He, du, der du neben mir auf dem Kissen liegst,
schläfst du noch?

Ich erinnere mich:
Ich hatte mein Bein gebrochen,
war nur noch Haut und Knochen.
Aber du wolltest wandern,
dabei triebst du es mit 'ner andern
– übrigens meiner besten Freundin.
Aber nach Haus bist du immer gekommen,

ein bißchen geschwächt, ein bißchen benommen.
»Wo bleibt das Essen?« brülltest du.
Und ich – ich kochte, ich blöde Kuh.
He! Schläfst du noch, oder bist du gestorben?
Diese Frage stell' ich mir jeden Morgen,
denn scheintot warst du seit eh und je.
He! Willst du Kaffee oder Tee?

Warum frag' ich das alles noch?
Gefallen sind wir schon lange ins schwarze Loch
der Gleichgültigkeit.
Verschludert haben wir die schönsten Jahre,
und so wie uns gibt es viele Paare.
Ausgelöscht und leer,
führen wir keine Gespräche mehr.
He, du! Sprich doch mit mir! Sag doch ein Wort!
Was gibt es heute eigentlich im Fernsehen?
Bei Anruf Mord.

Meine beiden Brüder Walter und Kurt entwickelten sich sehr unterschiedlich. Mit 17 Jahren hatte mein älterer Bruder das Abitur bereits bravourös bestanden. Obwohl er Klassenjüngster war, hielt man ihn immer für ein älteres Semester. »Na, wird's nicht Zeit für Sie, endlich aufzuhören, die Schulbank zu drücken?« fuhr ihn einmal ein älterer Herr bei einem Schulausflug bissig an. Walter hatte eine Reife, eine Art, erwachsen zu sein, die weit über sein Alter hinausging. Vielleicht hatte das etwas mit seinem frühen Tod zu tun, denke ich manchmal. Walter starb tragischerweise mit 22 Jahren an einem Knochensarkom. Das war ein Schlag für meine Mutter, den sie ihr ganzes Leben nicht verwunden hat.

Ehrlich gesagt und ohne Sentimentalität: Ich habe meinen älteren Bruder Walter nie gemocht. Er war mir zu fatzkig. Er studierte Jura und wurde Korpsstudent einer christlich-jüdischen Verbindung. Als er einmal einen noch frisch blutenden Schmiß mit nach Hause brachte, bekam meine Mutter einen

Schreikrampf, ich einen Lachanfall, wofür ich gleich von der aufgeregten Mama eine Ohrfeige erhielt.

Mein Bruder schenkte mir einen »Bierzipfel« – ein Ripsband mit den Farben seiner Verbindung: grün, schwarz und weiß. Einen »Bierzipfel« schenkte man entweder der Dame seines Herzens oder seiner Schwester. Er wurde an einem Kettchen am Handgelenk getragen oder zierte mit einer Nadel das Kleid. Ich fand das alles sehr affig. Auch von den eingebildeten, näselnden Kommilitonen meines Bruders hielt ich nicht viel. »Äh, äh, äh ...«, stotterten sie. Vor lauter Arroganz kriegten sie ihre Klappe nicht auf.

Aber meine Mutter war stolz auf ihren Ältesten! Und wenn sie untergehakt mit ihm um den »Kleinen Kiel« spazierenging und für seine Freundin gehalten wurde, war sie selig. Ach, mein armes Mütterlein! Walter gab ihr das, was mein Vater ihr nicht geben konnte – eine intellektuelle Partnerschaft. Mit ihm zusammen studierte sie alle Paragraphen. Sie ging mit ihm ins Theater, ins Schauspiel, wofür mein Vater kein Verständnis hatte. Er hingegen liebte leidenschaftlich die Oper, die meine Mutter weniger interessierte. Aber die Operette war etwas ganz anderes.

Wenn Richard Tauber in ›Land des Lächelns‹ oder in anderen Lehár-Operetten gastierte, war das jedesmal ein großes gesellschaftliches Ereignis in Kiel. Dann verließen meine Eltern gemeinsam in »grande toilette« das Haus. Einmal hatten zu einem solchen Anlaß zwei Damen dasselbe Abendkleid an: die Frau eines Arztes und die Frau eines Rechtsanwaltes. Es war ein wundervoller Skandal, der fast die Ereignisse auf der Bühne überschattete.

Wilde Diskussionen gab es bei uns zu Hause über die Stücke von Gerhart Hauptmann, Frank Wedekind, Henrik Ibsen und Arthur Schnitzler, die damals für Theaterskandale sorgten. Mein Vater als richtiger »Vereinsmeier« war Vorsitzender des Kieler Theaterverbandes. Dadurch gingen wir sehr viel ins Theater. Wir hatten unsere Loge direkt neben der des Oberbürgermeisters. »Aber das Kind versteht doch noch gar nichts«, empörte sich meine Tante Gina, wenn meine Mutter mich wieder einmal in ein umstrittenes Schauspiel mitnahm. »Oh, etwas wird es schon mitbekommen«, meinte meine Mutter sorglos, »und wenn es nicht alles versteht, ist es doch auch nicht schlimm.«

Für diese Einstellung bin ich meiner Mutter heute noch dankbar. Durch sie bekam ich in frühester Jugend eine umfassende Literatur- und Theaterkenntnis. In unserem Hause verkehrten Sänger, Schauspieler, Regisseure – unter anderem Gustaf Gründgens, der damals als junger Schauspieler im Kieler Stadttheater engagiert war. Auch Carl Zuckmayer, der als Dramaturg im selben Theater tätig war, hatten wir oft bei uns zu Gast. Gustaf Gründgens! Noch immer mein Idol, und noch immer brüste ich mich damit, daß ich als kleines Kind auf seinem Schoß gesessen habe.

Gründgens und Zuckmayer sorgten für einen unerhörten Theaterskandal in Kiel. Es war 1925 oder 1926 – so um den Dreh muß es gewesen sein: Die Honoratioren der Stadt, zu denen auch meine Eltern zählten, wurden zu einer »geschlossenen Vorstellung« eingeladen. Das Stück hieß ›Der Eunuch‹. Es kam zu einem Skandal. Zu Hause angekommen, schleuderte meine Mutter empört ihr Abendcape auf den Boden. »Unerhört! So eine Schweinerei!« – »Wieso? Was?« Ich verstand gar nichts. »Und was ist eigentlich ein Eunuch?« wollte ich wissen. »Das brauchst du nicht zu wissen, das ist nichts für kleine Mädchen«, fuhr meine Mutter mich an. »Ja, aber...« – »Kein Aber. Halt den Mund, und geh ins Bett.«

Gründgens und Zuckmayer wurden gefeuert und mußten über Nacht die Stadt verlassen. Zuckmayer ging ins Rheinland und schrieb dort den ›Fröhlichen Weinberg‹, Gründgens startete seine große Karriere in Hamburg. Später, als ich 15 Jahre alt war, wurde Zuckmayer, schon sehr berühmt, zu einer Vorlesung in die Universität Kiel eingeladen. Ich durfte mit meiner Mutter hingehen. »Meine Damen und Herren«, begann er seine Rede, den auf ihn niederprasselnden Applaus leicht mit den Händen abwehrend. »Ich danke Ihnen für Ihr warmes Willkommen. Kann ich mich doch noch gut erinnern, wie ich aus dieser Stadt hinausgeworfen wurde und Kiel bei Nacht und Nebel verlassen mußte.« Betretenes Schweigen.

Mein älterer Bruder erfüllte alle Ambitionen meiner Mutter, während ich mit meiner Anti-Establishment-Haltung sie zur Verzweiflung brachte. Besonders wenn ich mich über die hinreißenden Kleider lustig machte – »Créationen«, wie meine Mutter sie nannte –, die extra in Berlin aus den schönsten Stoffen des Holstenhauses für sie und auch für mich angefertigt wurden.

Die Schneiderin, Fräulein Schoop, eine alte Jungfer, arbeitete auch für die UFA und war eine wahre Künstlerin ihres Faches. »Auf keinen Fall zieh' ich so etwas an«, erklärte ich kategorisch meiner Mutter, wenn die teuren Modelle aus Berlin in Kiel ankamen. Ritsch machte die Schere. Ich schnitt die Apfelblüte, die auf der linken Schulter des rosa Chiffonkleids prangte, erbarmungslos ab. Auch die große Tüllschleife, die eine andere »Création« an der Taille zierte, mußte dran glauben. Ich riß sie herunter. Doch damit war ich noch immer nicht zufrieden. »Nein, nein, nein!« schrie ich und stampfte mit den Füßen auf.

Aus grobem Leinen schneiderte ich mir dann selbst ein Kleid, nähte große Holzknöpfe an und zupfte Fransen aus. Dann färbte ich Pingpong-Bälle orange und hängte sie mir um den Hals. So! Nun fühlte ich mich wohl.

Während der Sommerferien, kurz vor dem Abitur, bat ich meine Mutter, einen Sommerkursus in Schneiderei belegen zu dürfen. »Wozu denn das?« fragte sie verständnislos. Ich spürte einen unwiderstehlichen Drang, mir meine Kleider und meine Gewänder selber zu nähen. Nach vielem Hin und Her willigte meine Mutter dann völlig genervt ein, und ich durfte den Kursus belegen.

Später war ich sehr glücklich darüber, und noch heute profitiere ich von meinen Nähkünsten, die ich mir in diesem Kursus angeeignet habe. Er begann unter den wachsamen Augen der Schneidermeisterin Ernestine Schütt. Sie war ein ältliches Fräulein und hatte ihr Atelier, von dem sie immer stolz erzählte, geschlossen, um eine Zuschneiderschule zu eröffnen. Nur noch hin und wieder beglückte sie alte Kundinnen mit der Anfertigung irgendeines schrecklichen Modells. Bei den Anproben durften wir Schülerinnen manchmal dabei sein.

Fräulein Schütt war, milde ausgedrückt, eine bizarre Erscheinung. Sie erinnerte mich an das Plakat, das Toulouse-Lautrec von der berühmten Moulin-Rouge-Tänzerin La Goulue gemalt hat. Ernestine Schütt muß so um die sechzig gewesen sein und trug ihre rotgefärbten Haare wie La Goulue hoch auf dem Kopf. Eine spitze Nase gab dem mehligen, etwas grünlich schimmernden Gesicht einen interessanten Ausdruck. Mit schmalen, eng zusammenstehenden Augen betrachtete sie ihr Opfer – ihre armen Kundinnen.

Wir kringelten uns vor Vergnügen, wenn sie loslegte: »Tja, Frau M., Ihre rechte Schulter ist ja total schief. Wußten Sie das nicht? Da muß ich den Stoff ein bißchen mehr anheben.« Oder: »Oh, mein Gott, Sie haben ja eine vollkommen verwachsene Hüfte! Die müssen wir geschickt verdecken. Sie wollen doch nicht wie ein Krüppel aussehen.« Immer wieder entdeckte sie voller Begeisterung körperliche Fehler an ihren Kundinnen, deren die Damen sich vorher nicht bewußt gewesen waren. Erschrocken starrten sie zuerst in den Spiegel und dann beschämt auf den Boden und ließen alles über sich ergehen, bis das gräßliche Modell völlig verschnitten an ihrem Körper hing.

Es war uns immer schleierhaft, warum die Kundinnen diese unverschämten Feststellungen akzeptierten. Nun ja, so ist es nun einmal: »Ernestine Schütt – Schneidermeisterin« stand auf ihrem Namensschild an der Tür. Und Titel geben seinem Träger in Deutschland bekanntlich Narrenfreiheit.

Seufzend akzeptierte meine Mutter, daß ich mit meinen selbstentworfenen Modellen herumlief. Nur wenn sie mit mir auf einen der langweiligen Studentenbälle ging, bestand sie darauf, daß ich eine der extra für mich gemachten Berliner »Créationen« trug.

Wie anders war mein jüngerer Bruder! Dem war das ganze

Getue ebenso zuwider wie mir. Das kam von seiner politischen Einstellung, während ich mich, wenn man es so nennen will, künstlerisch ausdrückte. Kurt entwickelte sich ganz anders als mein Bruder Walter. Er hatte immer große Vorbilder gehabt, Männer der deutschen Geschichte, die er verehrte. Schon als Schüler hing an der Wand seines Zimmers sein erstes Idol: Friedrich der Große. Dann folgten Bismarck und Karl Marx. Als die Nazis sein »Deutschbewußtsein« grausam zerstörten, war es Theodor Herzl, der Gründer des jüdischen Staates.

Kurt war, wie viele junge Menschen, sehr idealistisch eingestellt. Als Oberprimaner führte er einmal die Jugend im Mai-Umzug an. Stolz schwenkte er die schwarz-rot-goldene Fahne. »Schauen Sie einmal aus dem Fenster, Herr Goldmann, und sehen Sie sich Ihren Sohn an«, verpaßten Bekannte meinem Vater die »freudige« Nachricht. Papa bekam einen Tobsuchtsanfall, und nur mit Mühe und Not und vielen »Um Gottes willen« verhinderte meine Mutter, daß mein außer sich geratener Vater seinen Sohn zum Krüppel schlug. Nie wieder habe ich meinen sonst so gutmütigen Vater so außer sich erlebt. Mein armer Vater mit seinem deutschnationalen Gemüt! Er starb an geborchenem Herzen in Palästina.

Mein Bruder Kurt ging kurz vor Kriegsausbruch nach Palästina und wurde ein überzeugter Zionist. Bis zu seinem Tode identifizierte er sich mit seinem Land – Israel. Aufgrund der Sozialarbeit, die er dort leistete, seines Einsatzes für die Flüchtlinge und für alte, kranke Menschen wurde er zu einer hochgeschätzten Persönlichkeit. Auch um gute Beziehungen zu Deutschland hatte er sich immer wieder bemüht. Kurz vor seinem Tode 1986 wurde ihm von Bonn das Bundesverdienstkreuz angeboten, das er aber nicht entgegennehmen wollte, bis »sein« Land Israel ihm eine Anerkennung für sein Engagement ausgesprochen hatte. Aber er starb, bevor seine Wünsche Wirklichkeit werden konnten.

Ich besitze noch ein Foto, auf dem er mit Mrs. Roosevelt zu sehen ist, der Frau des großen amerikanischen Präsidenten. Mrs. Roosevelt hatte sich sehr für das »jüdische Problem« eingesetzt. Das Bild zeigt die First Lady und meinen Bruder mit jungen Siedlern vor einem neugegründeten Kibbuz.

Dennoch – davon bin ich fest überzeugt – konnte mein Bruder sein Deutschsein nie aus seinem Herzen reißen. Er war, was man in Israel einen »Jecke« nennt – ein Spottname für die deutschen Juden. Seine Korrektheit und Pünktlichkeit, eben seine preußische Art, wurden von den polnischen und russischen Juden teils belächelt, teils bewundert. Auch seine eigenen Kinder machten sich manchmal liebevoll über ihren »Jecke-Papa« lustig.

Mit 17 Jahren erlebte ich die große Liebe in meinem jungen Leben. Ich ging die Dänische Straße entlang, eine der Geschäftsstraßen Kiels. Und er kam mir entgegen. Ich seh' ihn noch vor mir: Er trug einen Mantel à la Humphrey Bogart, den blonden Kopf provozierend zurückgeworfen, lachende blaue Augen, strahlend weiße Zähne. Wir gingen aneinander vorbei und drehten uns gleichzeitig nacheinander um. Dann ging er weiter. Er hatte einen schaukelnden Seemannsgang wie Kuddeldaddeldu von Ringelnatz. Das erklärte sich aber erst später: Er war ein erstklassiger Segler.

Wie vom Blitz getroffen, blieb ich stehen und erlebte, was die Franzosen einen »coup de foudre« nennen, einen Peitschenschlag der Liebe. Ich wußte nicht, was mir passierte. Was war das, was hatte er mir angetan? Später, als ich Freundinnen dieses Erlebnis beschrieb, informierten sie mich: »Das ist der Kronprinz.« – »Der Kronprinz?« Ja, das war der Spitzname des ältesten Sohnes von Dr. Lueken, dem Oberbürgermeister von Kiel. »Der Kronprinz« hatte den schönen, nordisch klingenden Namen Hillert und studierte Jura. Er war fünf Jahre älter als ich und, wie man mir versicherte, ein Liebling der Frauen.

Wir begegneten uns wieder, und da sprach er mich an. Ich hatte das Gefühl, daß meine zitternden Knie nachgeben würden. Und dann lud er mich zum Segeln ein. Er besaß ein bezauberndes Boot, die »Trixi«, mit dem er schon viele Regatten gewonnen hatte. Also segelten wir. Später führte er mich bei Mondlicht in den Garten der väterlichen Villa, die gegenüber der Badeanstalt und unmittelbar neben dem Hotel »Bellevue« lag. Blöde und unerfahren, wie ich war, widerstand ich seinen leidenschaftlichen Annäherungen und lief heulend durch das Düsternbroker Gehölz nach Hause.

»Was ist geschehen, mein Kind?« fragte meine Mutter erschrocken. »Du bist doch meine Freundin«, schluchzte ich, »das hast du doch immer behauptet. Und du hast gesagt, ich soll dir erzählen, wenn mich etwas bedrückt. Du würdest mir helfen. Also, hilf mir jetzt: Wie wird man eine Frau? Wie verhält man sich?« – »Um Gottes willen!« Meine Mutter rief immer »Um Gottes willen«, wenn eine prekäre Situation auf sie zukam. Und dann sagte sie den klassischen Satz, den ich nie vergessen habe: »Mein armes Kind, warte bis nach dem Abitur!« Diese Antwort brachte mein Vertrauen in die Freundschaft meiner Mutter ins Wanken. Ich erhielt vom Leben die erste für mich wichtige Lektion: Trust only yourself – now and forever.

Wieder begegnete ich Hillert, der mich diesmal mit einem kühlen Blick musterte. Dann lächelte er auf einmal, wie nur er lächeln konnte, und fragte verhalten: »Na, wollen wir nicht noch einmal segeln gehen?« Wir segelten, und diesmal klappte es. Am weißen Strand von Laboe in einer wunderschönen großen Sandburg. Trotz des vorübergehenden Schmerzes war ich selig. Selig über die Ekstase, die mein Körper in dem geliebten Mann auslöste. Power, ja das war Power, was ich da spürte! Jetzt habe ich ihn, jetzt gehört er mir, dachte ich überglücklich. Meine Mutter hatte in ihrer Hochzeitsnacht bestimmt nicht so empfunden. Sie hatte nur, wie sie mir später erzählte, ihre »eheliche Pflicht« erfüllt. Und das hat sie ihr ganzes Leben lang getan.

Bekenntnis zur Lust

Hoch das Bein! Der Kaiser braucht Soldaten.
Gib deinem Mann nur in Raten,
was er verlangt, denn das ist deine eheliche Pflicht.
Aber ein Vergnügen, ein Vergnügen ist das nicht!

Wie komme ich nur zu so einem Kind,
wo wir doch so eine anständige Familie sind?
So sprach meine Mutter, wurde grauer und grauer.
Doch mich durchliefen süße Schauer,
und ich lachte, wenn ich dran dachte,
wie ich zum ersten Mal die Liebe erlebte
und jede Faser meines Körpers erbebte.
Wie glücklich war ich, eine Frau zu sein.
Für mich war die Liebe keine erduldete Pein!

O göttliche Freude, himmlischer Genuß,
den sich so manche versagen muß!
O sündige Tugend, scheinheiliges Beten!
Durch die Jahrhunderte haben wir mit Füßen getreten,
was Gott uns geschenkt. Ekstase und Lust
verwandelten wir in elenden Frust.

Für mich war die Liebe Aufregung, Wahnsinnsglut,
und gab mir wieder neuen Mut.
Von keiner verlogenen Moral gestört,
hab' ich ihr voll und ganz gehört.
Du, Mütterlein, bist immer tugendhaft geblieben.
Hingebungsvoll versorgtest du deine Lieben.
Alle hast du mit Weihwasser begossen,
nur die Machart, die hast du nie genossen.

Die Romanze zwischen der Tochter des jüdischen Kaufmanns Robert Goldmann und dem Sohn des Oberbürgermeisters wurde natürlich Stadtgespräch. Es wurde viel über uns geflüstert, gesprochen und getratscht. Aber bevor unsere Liebe tragische Konsequenzen haben sollte, blieb alles noch recht harmlos. Es herrschte – wie soll ich es nennen? –, es herrschte eine »Bißchen-Stimmung«. In den Äußerungen der Kieler schwang ein bißchen Lächeln mit, ein bißchen Antisemitismus, ein bißchen Neid, ein bißchen Skandal – eben alles ein bißchen.

Als Hillert sein Studium beendet und den Doktor jur. gebaut

hatte, erhielt er eine Anstellung als Syndikus in einer Maschinenfabrik in Berlin. Ich folgte ihm mit der Absicht, mich weiter im Ausdruckstanz auszubilden. Trude Wienecke, eine Wigman-Schülerin, hatte ein großes Studio am Kurfürstendamm, in dem sich Tanz-Solisten der Berliner Oper trafen und viele junge Mädchen, die davon träumten, einmal eine bekannte Ausdruckstänzerin zu werden.

Hillert und ich nahmen uns eine Wohnung am Kurfürstendamm, Ecke Bleibtreustraße. Diese Wohnung teilten wir mit zwei Bekannten von Hillert, zwei jungen Goldschmiedinnen. Es war eine wundervolle Zeit, und wir merkten zunächst noch nichts von den Nazi-Aktivitäten, die wir im Ansatz in Kiel erlebt hatten. Unglaublich, wie es klingt, aber wir glaubten wie viele andere, daß dieser Irrsinn bald ein Ende haben würde.

Wir wurden bitter eines entsetzlich anderen belehrt. Eines Tages trafen wir auf dem Kurfürstendamm eine meiner ehemaligen Mitschülerinnen. Wir luden sie zum Tee ein. Sie kehrte zurück nach Kiel und verbreitete die sensationelle Nachricht, daß Hillert Lueken und Lotti Goldmann trotz Nazi-Verbot unbekümmert zusammen in Berlin lebten. Rassenschande!

Eines Morgens um fünf Uhr läutete es Sturm an unserer Wohnungstür. Zwei Gestapo-Beamte stürmten in die Wohnung und erwischten uns noch schlaftrunken im Bett liegend. Hillert kam in Untersuchungshaft, ich ins Konzentrationslager. Hillert wurde, wie ich später erfuhr, im Gefängnis von einem Wärter aus bis heute noch nicht geklärten Ursachen hinterrücks erschossen. Sein Tod wurde als Selbstmord getarnt, aber als seine Leiche seinen Eltern übergeben wurde, zeigte sie einen Genickschuß.

Zunächst kam ich in das Arbeitslager Moringen in Niedersachsen. Ende 1937 waren die Konzentrationslager fur Frauen erst im Entstehen. Massenweise trafen Frauen aus allen Schichten der Bevölkerung ein: »Politische«, Intellektuelle, Frauen aus Arbeiterkreisen, aus gutbürgerlichen Familien, die teilweise von ihren Mitbürgern denunziert worden waren. Sie hatten angeblich das Nazi-Regime verächtlich gemacht.

Der Leiter des Arbeitslagers war offensichtlich verwirrt von dem, was um ihn herum passierte. Seine Oberaufseherin wußte ebenfalls nicht recht mit der neuen Situation umzugehen. Sie war eine behäbige, alte Frau mit schneeweißen Haaren und einem riesigen Schlüsselbund an ihrem Ledergürtel. Weder der Lagerleiter noch seine Aufseherin waren Nazis. Sie waren Sozialbeamte und gewöhnt, Prostituierte und »Arbeitsscheue« aufzunehmen. Was sollten sie mit der Frau eines Professors oder einer Abgeordneten oder einer harmlosen Hausfrau anfangen? Es fehlte nicht viel, und der Leiter hätte uns mit »meine Damen« angeredet.

Anfangs hatten wir es noch recht gut, durften von zu Hause Pakete und Briefe empfangen. Aber das änderte sich rasch. Der Direktor, der sich offensichtlich nicht mehr wohl in seiner Haut fühlte, wurde entlassen und durch einen Nazi ersetzt.

Schon bald wurden wir alle in das Konzentrationslager Lichtenburg gebracht, eine mittelalterliche Festung, die zuletzt als Männergefängnis genutzt worden war. Tief unter der Erde gab es noch Verliese, in denen »schwere Fälle«, Häftlinge in Einzelhaft, eingesperrt wurden. Später wurden wir Jüdinnen in der Lichtenburg von den »Politischen« getrennt und mit anderem »Abschaum der Menschheit«, wie die Wärter sie nannten, zusammengelegt: Prostituierte, Diebinnen und später auch Zigeunerinnen. Es war eine faszinierende Mischung menschlichen Elends.

Unter anderem begegnete ich Elsa, einer Prostituierten aus der Berliner Friedrichstraße. Unvergeßliche Elsa! Sie war von ungeheurer Körperfülle, hatte einen Riesenbusen und knallrote Bäckchen. Unter ihrem schwarzen Pagenkopf guckten mich die treuesten und gutmütigsten Augen an. Außerdem war Elsa taub. Sie konnte so gut wie nichts hören, was manchmal zu komischen Situationen führte. Trotzdem hatte sie ihre Tätigkeit sehr einträglich ausgeübt, bis sie aufgegriffen wurde. Warum eigentlich diese moralische Entrüstung? Prostitution hat doch in einer bürgerlichen Gesellschaft einen ganz wichtigen Platz.

»Wat weenste denn so, meene Kleene?« fragte sie mich und

drückte mich an ihren großen Busen. »Wat haste denn verbrochen? Rassenschande? Wat is'n det? Diese Schweine, diese Kerle, ick kenn'se ...«

Elsa, liebe, gute Elsa! Später erfuhr ich, daß sie vergast worden ist. Ich werde sie nie vergessen.

Elsa

Wat kiekste so, du doofet Aas?!
Macht dir wohl Spaß, mir so dämlich anzukieken,
denkst wohl, daß de wat Besseres bist?
Biste nich! Legst dich doch ooch auf'n Rücken
und läßt dir von deinen Ollen beglücken:
für'n Fummel, für'n Auto, für'n Haus.

Wat heulste denn? Mach dir nischt draus!
Ick versteh dir – aber du nich mir.
Wat ick hier mache für'n Fuffziger im Sonderangebot,
machst du für'n Brillant.
Warum versteckst du deine Hand?
Wenn ick mir hier die Beene abfrier,
spielst du in deine Villa Klavier:
Chopin, Beethoven und so.
Dabei kiekt dein Oller dir auf'n Po
und denn uff die Uhr,
und denn is aus mit die Kultur.
Denn will er mit dir in die Betten gehn ...
Na scheen, denkste, na scheen, na scheen.
Du – vielleicht kommt dein Oller mal bei mir vorbei.
Dann nehm ick sie dir ab, die Schweinerei,
für'n Fuffziger ...

Vergast wurden sie alle: Juden, Zigeuner, »Asoziale«, »Politische« und sogar Kinder. Und während des Krieges haben sie die jungen, schönen Jüdinnen in Soldatenbordelle gesteckt. Das war dann keine Rassenschande.

Mir fällt Marianne ein. Sie war die Jüngste im Lager, so daß wir sie zärtlich »Benjamine« nannten. Sie war blond, blauäugig und hatte eine zierliche Figur – wie von dem Bildhauer Georg Kolbe geschaffen. Auch sie war Jüdin und wegen »Rassenschande« ins Konzentrationslager gekommen. Sie stammte aus Magdeburg und hatte eine ganz große Liebe zu einem jungen Polizisten erlebt. Der war Nichtjude und saß in Untersuchungshaft. Benjamine – ob sie wohl noch lebt?

Das Absurde war, daß unsere kleine Benjamine ein paarmal als Zeugin zu dem Prozeß abgeholt wurde, den man ihrem Freund in Magdeburg machte. Und – so erzählte sie uns – daß sie mit dem Nazi-Beamten, der sie dorthin begleitete, eine wundervolle Zeit verbracht habe. Es war Frühling, und auf dem Weg zum Prozeß bumsten sie zum erstenmal unter einem Baum. Danach führte er sie immer elegant essen. »Ein wundervolles Restaurant«, schwärmte sie, »ich durfte mir aussuchen, was ich wollte. Er ist so lieb zu mir ...« Und nach einer Pause: »Guckt mich nicht so an! Ich spüre wieder Leben, versteht ihr das denn nicht?«

Im Lager gab es eine unglaubliche Solidarität unter den Gefangenen, andererseits aber auch Angst vor Spitzeln. Das Gerücht ging um, daß sie eingeschleust wurden, um bestimmte Dinge zu erfahren. Ich erinnere mich zum Beispiel an eine auffallend schöne Frau. Sie war der rassische Idealtyp der Nazis: groß, blond, schlank – Germania persönlich. Wir mieden sie wie die Pest. Aber ihre Geschichte stellte sich später als wahr heraus:

Sie war Krankenschwester gewesen und hatte einem hohen SS-Mann geholfen, aus Deutschland zu fliehen. Der hatte entsetzt, aber zu spät erkannt, was die Nazis vorhatten. Nun wollte man von ihr wissen, wohin er geflohen war, aber sie weigerte sich standhaft, den Offizier zu verraten. Daraufhin befahl Himmler persönlich, daß sie solange im KZ zu bleiben habe, bis sie verraten würde, wo sich dieser Mann versteckt hielt. Sie mußte im Waschhaus arbeiten, wurde aber von der Wärterin mit einer solchen Höflichkeit behandelt, daß wir Mißtrauen hatten und ekelhaft zu ihr waren. Jahre später habe ich diese Frau in Berlin wiedergesehen, verheiratet mit einem netten Mann, mit dem sie zwei Kinder hatte.

So viele Dinge sind passiert! Eines Tages wurde eine Frau eingeliefert, die aus München stammte. Sie sah aus wie ein Geier: pechschwarze Haare, streng nach hinten gekämmt, eine Hakennase und eingefallene Wangen. In Spanien herrschte Bürgerkrieg – Franco gegen die Republik. Die Deutschen mischten mit und schickten Franco Flugzeuge, die berühmte Legion Condor. Jene Frau war zu dieser Zeit Haushälterin bei dem englischen Konsul auf Mallorca. Sie wurde die Geliebte eines deutschen Spions, der sie veranlaßte, für ihn im englischen Konsulat zu spionieren. Dann kam heraus, daß sie ein doppeltes Spiel trieb und für beide Seiten arbeitete – für England und für Deutschland. Die Deutschen bekamen das Spiel heraus, und ihr angeblicher Geliebter lieferte sie aus. Und so wurde sie zu unserem Ärgernis in die Lichtenburg gebracht.

Wir haßten sie aus ganzem Herzen. Sie schleimte immer um die Aufseherin herum und biederte sich an: »In Spanien rasiert man den gefangenen Frauen die Köpfe. Das sollte man hier auch tun.« Sie hatte noch einige solcher »reizenden« Vorschläge, und wir hätten ihr am liebsten den dürren Hals umgedreht. Zu unserer Erleichterung kam diese Person in Einzelhaft.

Doch dann passierte eine schlimme Sache, in die ausgerechnet ich hineingezogen wurde. Warum ich zum Direktor gerufen wurde, habe ich nie herausbekommen. Er teilte mir mit, daß ich von dieser Frau zweimal in der Woche Spanisch-Unterricht zu nehmen hätte. Klein und südländisch, wie ich aussah, wäre ich glatt als Spanierin durchgegangen. Verständlich, denn die Vorfahren meines Vaters sind während der spanischen Inquisition nach Deutschland eingewandert.

Was zum Teufel hatte es mit diesem Spanisch-Unterricht auf sich? Natürlich war es aufregend und eine angenehme Abwechslung, aus dem großen Saal abkommandiert zu werden, in dem wir immer hockten. Ich wunderte mich über den »Komfort« der Einzelzelle. Es gab Gardinen an den Fenstern und einen richtigen Tisch. Fasziniert saß ich der Frau gegenüber, die mir nicht nur Unterricht gab, sondern anfing, mir aus ihrem Leben in Spanien zu erzählen. Der einzige spanische Satz, den ich bis heute behalten habe, heißt: Qué bonito es el trabajo visto desde lejos – wie schön ist die Arbeit von weitem gesehen. Aber ich konnte ihn nie in die Praxis umsetzen.

Die Frau wurde immer nervöser. Jedesmal, wenn ich zur Stunde kam, befand sie sich in einem hysterischeren Zustand. Ihre Lippen zitterten, und ihr falsches Gebiß klapperte, wenn sie sprach. Sie trug sich mit Fluchtgedanken. Ich hatte das Gefühl, daß sich langsam, langsam das Netz um diese Person immer enger zusammenzog und sie bereits den Strick um ihren Hals spürte. Ich bekam es immer mehr mit der Angst. Mit wem hatte ich es zu tun? Was würde mit mir geschehen? Würde man mich verhören und vielleicht auch in Einzelhaft stecken? Weg, nichts wie weg, dachte ich und ließ mich beim Direktor melden. Ich bekam einen Weinkrampf und schluchzte, ich könne keinen Spanisch-Unterricht mehr nehmen, da ich es nervlich nicht ertragen könne. Nach ein paar Fangfragen ließ er mich gehen, und der Unterricht wurde beendet. Die Spionin kam später in ein Verlies der Lichtenburg, wo schon im Mittelalter Gefangene dahingesiecht waren.

Eine junge Wärterin faßte offensichtlich Zuneigung zu mir. Sie wählte mich aus, mit ihr zusammen die Eßkübel über den Innenhof zu den Verlies-Gefangenen zu tragen. Es war schon ein großes Erlebnis, einfach so über den Hof zu gehen wie ein ganz normaler Mensch. In Gegenwart der anderen duzte diese Wärterin mich – wir wurden ja alle geduzt, eine Form der Degradierung –, aber wenn wir allein waren, siezte sie mich als Zeichen ihrer Achtung. Bei diesen Gängen habe ich die Spionin, dieses elende Geschöpf, wiedergesehen. Zähneklappernd, auf einer Steinbank hockend, die in die Wand gehauen war, nahm sie ihr Essen entgegen.

Wenn ich an die Zeit im Konzentrationslager denke, habe ich alles wieder vor Augen. Welche Absurdität, welcher Wahnsinn, welche abgrundtiefe menschliche Schlechtigkeit, die ja damals noch gar nicht ihren Höhepunkt erreicht hatte. Was der

Mensch dem Menschen Grausames antun kann, kennt keine Grenzen.

Es geschahen Dinge, die mir ungeheuerlich erschienen. Eine Frau wurde eingeliefert, ich schätze, so um die vierzig, angeblich Kommunistin. Sie war sprachlos, das heißt, sie war sprachlos geworden. Sie hatte ihre Stimme verloren und äußerte wochenlang kein Wort. Die Wärterinnen dachten zuerst, daß ihre Schweigsamkeit Provokation sei. Doch dann merkten sie, daß diese Frau krank war, und beachteten sie nicht mehr.

Und dann geschah es, morgens um vier Uhr. Wir wurden von einem fürchterlichen, andauernden Geschnatter geweckt. Es kam von dieser Frau. Sie sprach und sprach und sprach – wirres, unzusammenhängendes Zeug. Andere Frauen fingen an zu schreien, wurden hysterisch, umringten sie. Der Lärm wurde immer größer. Wärterinnen stürzten herein, ergriffen sie und schleppten sie fort. Wir haben sie nie wiedergesehen.

Oder die Epileptikerin, die jedesmal, wenn wir zum Appell antreten mußten, einen Anfall bekam. Prompt fielen vier, fünf andere Gefangene, die bis dahin nie etwas mit Epilepsie zu tun gehabt hatten, auf den Boden und wanden sich mit Schaum vor dem Mund in schrecklichen Zuckungen.

Tief berührt hat mich auch eine Frau, die sich am Morgen nach ihrer Einlieferung von ihrem Strohsack erheben wollte und dann zusammensackte. Ihre Beine baumelten wie die einer Strohpuppe an ihrer Hüfte. Die Wärterinnen dachten, daß sie simuliere, und schlugen auf sie ein. Dann stachen sie Nadeln in ihre Oberschenkel – alles vergebens. Schließlich brachte man sie nach Heidelberg und ließ sie von den Professoren der Universität untersuchen. Aber auch sie konnten nichts finden. Elektroschocks, was weiß ich, was immer sie anwendeten, nichts half. So wurde sie zurück in die Lichtenburg gebracht. Und dann geschah ein Wunder. Eines Abends zog sie sich schwerfällig hoch – wir starrten sie alle sprachlos an –, und langsam, langsam, Schritt für Schritt, bewegte sie sich vorwärts. Ihr Zustand besserte sich von Tag zu Tag, und nach einer Woche konnte sie ihre Beine wieder normal bewegen.

Und dann die Frauen, die schwanger waren oder glaubten, schwanger zu sein! Manche wurden hysterisch und versuchten, Selbstmord zu begehen. Eine Frau stürzte sich aus dem fünften Stock hinunter, mitten im Treppenhaus. Sie landete direkt auf dem Tisch, an dem wir saßen. Sie war sofort tot.

Im Grunde hatte ich Glück, denn ich verbrachte nur ein Jahr in dieser Hölle. Damals gab es große amerikanisch-jüdische Organisationen, die mit Heydrich, der später in Prag ermordet wurde, eine Vereinbarung ausgehandelt hatten, Juden gegen hohe Bezahlung aus dem Konzentrationslager zu entlassen unter der Bedingung der sofortigen Auswanderung. Einer dieser Menschen bin ich gewesen.

Mein Bruder Kurt war damals Leiter der Jugend-Alijah in Berlin und hatte gute Beziehungen zu ausländischen Organisationen. Nach einem Jahr wurde ich aus dem KZ entlassen und stand plötzlich vor der Wohnungstür meiner Eltern in Kiel. Das war Ende 1938. »Lotti! Kind, Kind!« Weinend vor Freude schloß meine Mutter mich in ihre Arme. Meine Eltern waren gerade dabei, in Kiel alles aufzulösen. Sie verkauften ihr Haus – tief unter Preis – und wollten nach Berlin gehen. In einer Großstadt kann man besser untertauchen, dachten sie. Die Familie sollte zusammenbleiben.

Aber ich mußte fort, umgehend fort. Die Gestapo hatte mir eine Frist von zehn Tagen gesetzt, oder mir drohte eine erneute Verhaftung. Wohin? Woher so schnell ein Land finden, das mir die Einreise gestatten würde? Wie so oft hatte ich Glück. Professor Hauser, der Gründer und Leiter des Conservatoire of Music in Jerusalem, hielt sich zu jener Zeit in Berlin auf. Er wollte junge Komponisten und Musiker an sein Konservatorium holen.

Professor Hauser war in den dreißiger Jahren ein berühmter Geiger gewesen. Er war gebürtiger Ungar und hatte dem von ihm gegründeten »Hauser-Quartett« in Europa zu großem Ruhm verholfen. Schon vor Jahren war er mit seiner Frau, einer russischen Kinderärztin, nach Jerusalem ausgewandert. Seine Frau war ein wundervoller Mensch. Tragischerweise wurde sie, nachdem sie in einem arabischen Dorf Kinder behandelt hatte, von den Dorfbewohnern auf ihrem Rückweg nach Jerusalem überfallen. Sie wurde bewußtlos auf der Landstraße liegend gefunden, ihr rechter Arm war ihr abgehackt worden.

Professor Hauser suchte also für das junge Palestine Orchestra Nachwuchs. Seiner Hochschule war ein Fach für Ausdruckstanz angegliedert, geleitet von der großen Wiener Ausdruckstänzerin und Konzertpianistin Gertrud Kraus, von der ich schon so viel gehört hatte. Durch meinen Bruder erfuhr Professor Hauser von meiner Notlage und erklärte sich bereit – da ich ja Tänzerin war –, mir ein Stipendium für das Konservatorium zu verschaffen. Ein Einwanderungszertifikat wurde, durch seinen Einfluß beschleunigt, ausgestellt.

Ich stieg in den Zug, um – via Schweiz und Italien – in Triest auf dem italienischen Schiff »Messapia« meine Reise nach Palästina anzutreten. Gute, alte »Messapia«, bestimmt ist sie längst verschrottet worden. Mein Bruder riet mir: »Mach auf deinem Weg nach Triest Pause in Venedig. Du wirst vielleicht nie wieder Gelegenheit haben, diese einzigartige Stadt zu sehen.« Aber zunächst landete ich in der Schweiz, in Zürich, wo mich eine jüdische Organisation in Empfang nahm und mir ein Zimmer bis zu meiner Abreise nach Italien zuwies. Zürich erschien mir damals wie ein Paradies. Übrigens: Noch heute finde ich, daß es eine entzückende Stadt ist.

Neben meinem Quartier, das ich mit anderen teilte, befand sich eine Cafeteria. Man konnte dort billig leckere Croissants und Brötchen zum Frühstück bestellen, und der lange entbehrte Kaffee war köstlich. Viel Geld hatte ich nicht, aber das Frühstück reichte mir für den ganzen Tag. Mir fiel auf, daß mich ein Mann verfolgte. Immer, wenn ich in der Cafeteria war, saß ein Mann am Nebentisch und starrte mich an. O Gott, Gestapo? Wollte man mich zurückschleppen? Meine Nervosität war ihm nicht verborgen geblieben. »Sie brauchen keine Angst zu haben«, sagte er freundlich. »Sind Sie ein Flüchtling aus Deutschland? Darf ich Sie zum Essen einladen? Ich möchte Ihnen Zürich zeigen.«

Zwei wundervolle Tage folgten. Ich erfuhr, daß der Großvater dieses Mannes Kirchenmaler gewesen war. Die meisten Kirchenfenster, erzählte mir mein neugewonnener Freund, stammten von seinem Großvater. Und es gab viele Kirchenfenster in Zürich. Er nahm mich mit zu sich nach Hause. Es war ein ganz besonderes Haus, das er von seinem Großvater geerbt hatte und in dem er nun mit seiner unverheirateten Schwester lebte. Ich bewunderte die holzgetäfelten Wände und die herrlich bemalten Teller und Krüge, die auf den Wandregalen standen. Wir tranken Wein und dann ... Dann näherte sich mir mein neuer Freund liebevoll. Warum nicht, dachte ich. Ich war high vor Glück. Warum immer nur Schweizer Käse, Schweizer Uhren. Hier hatte ich die einmalige Gelegenheit, Schweizer Liebe kennenzulernen. Nach so einer lieblosen, grausamen Zeit. Es war schön: nicht sehr aufregend, aber er ging mit Schweizer Präzision vor.

Mein Freund – ich habe seinen Namen schon lange vergessen – brachte mich am nächsten Morgen zum Bahnhof und half mir, meinen großen Schrankkoffer ins Abteil zu hieven. Ein letztes Winken, und galant lüftete er noch einmal den Hut. »Moment mal!« Er lief den anfahrenden Zug entlang und warf mir ein Päckchen zu: Schweizer Schokolade.

In Venedig stieg ich aus und ging in eine Hotelpension, die den Emigranten als freundlich, sauber und billig bekannt war. Sie lag ganz in der Nähe des Canale Grande. Die mütterliche und runde Wirtin war Deutsche. Abends ging ich in ein direkt am Kanal liegendes Gartenlokal und beobachtete die vorübergleitenden Gondeln. Eine weiche Brise streichelte meinen Hals und meine Wangen.

Aber mein Glücksgefühl verwandelte sich jäh in Schrecken, als vier SS-Männer in Uniform das Lokal betraten. Sie setzten sich in meine Nähe und verlangten lautstark nach Bier – auf deutsch, versteht sich. Zwar hatten die Nazis einen Pakt mit Mussolini geschlossen, aber sie ließen die Italiener bei jeder Gelegenheit ihre Überheblichkeit spüren.

»Guck mal«, sagte einer von ihnen, »die kleine Italienerin da, ist sie nicht süß?« Ich schaute mich um: Was für eine Italienerin? O Gott, er meinte offensichtlich mich: »Geh doch mal rüber, und hol sie an unseren Tisch«, schlug einer der Männer vor. »O Gott«, betete ich, »hilf mir, verlaß mich jetzt nicht!« Und wie durch ein Wunder stand ein zierlicher, schwarzhaariger Italiener auf, der mich schon eine ganze Weile vom Nebentisch aus beobachtet hatte, und ging auf mich zu. Er brabbelte etwas auf Italienisch. Da ich französisch spreche, verstand ich, daß er darum bat, sich zu mir setzen zu dürfen. Ich nickte zustimmend, vielleicht zu seinem Erstaunen viel zu eifrig: »Si, si!« – »Zu spät«, hörte ich den SS-Mann sagen, »diesmal ist der Italiener schneller gewesen als wir.« – »Kann ja mal vorkommen«, meinte ein anderer, »gönnen wir es ihm.«

Die Nazis hatten nicht viel Vertrauen zu ihren italienischen Verbündeten. Im Hinblick auf die Mentalität der beiden Nationen war es eine merkwürdige Verbindung. Der Antisemitismus, in seiner brutalen deutschen Form, lag den Italienern nicht. Nur zögernd und mit einigem Unverständnis folgten sie den Anweisungen ihres Duce.

Auch die Engländer hatten, wie ich später erfuhr, keinen allzu großen Respekt vor ihren italienischen Kriegsgegnern. So brachte mich mein zweiter Mann, Colonel Huber, zum Lachen, wenn er meinte: »War? Why must the Italians make war? Why don't they keep out of it? Let them sing, that's what they really can do.« In den vierziger Jahren schrieb Peter Ustinov sein witziges Buch ›Private Angelo‹. Es ist die Geschichte eines italienischen Soldaten, der sich vor der Front drückt. Immer wieder reißt er aus und kehrt nach Hause zurück, wo sich seine Familie zu seinem großen Erstaunen jedesmal vermehrt hat. Eine herrliche Erzählung voll liebevollen Spottes über die Kriegsmentalität der Italiener, wie nur Peter Ustinov sie schreiben kann.

Vor dem Krieg beherrschten die Italiener das gesamte Restaurant-Business in England. Da war das berühmte Mario's Caprice und viele andere, Restaurants von großer Qualität und großem Charme, wo sich Aristokraten und der Geldadel wohlfühlten und in denen sie per du mit dem Besitzer waren. Dann kam die alberne Entscheidung des Duce, mit den Nazis gegen ihre geliebten Briten Krieg zu führen. Die so glücklich etablierten Italiener in England wollten es ganz bestimmt nicht. Sie hatten nur die Wahl, nach Italien zurückzugehen oder interniert zu werden. Traurig packten sie ihre Koffer. Arrivederci, London.

Ja, so war es. Während des Krieges behandelten die Engländer ihre italienischen Kriegsgefangenen mit großer Sanftmut. Bald nach dem Krieg kehrten die Italiener zurück in ihr geliebtes England, leiteten Restaurants und Hotels – wie gehabt. Was wäre die Londoner Gastronomie ohne die Italiener?

Aber ich habe mich ablenken lassen – wo war ich stehengeblieben? In Venedig, in einem Gartenlokal am Canale Grande. Mein italienischer Retter in der Not entpuppte sich als Schuhfabrikant. Da ich kein Italienisch spreche, unterhielten wir uns auf Französisch. Das klappte prima. Als ich ihm sagte, daß ich aus Deutschland käme, ließ er die schmerzhafte Bemerkung los: »Nous aimons bien votre Führer.« Auch das noch, dachte ich. Stolz zeigte er mir sein Faschistenabzeichen, das er an seinem Revers trug. Er war seit 1924 Mitglied bei den Fascisti. Als ich ihm erzählte, daß ich auf der Flucht vor den Nazis auf dem Weg ins Gelobte Land sei, warf er einen verstohlenen Blick auf die vier SS-Männer, dann schaute er mich wieder an. »Du bist wunderschön«, stellte er fest, »fiore, bella, bellissima.« Nur das interessierte ihn. Unter den hämischen Blicken und dem dreckigen Lachen der SS-Männer verließen wir das Gartenlokal. Der Höhepunkt des Abends wurde eine Gondelfahrt.

Am nächsten Tag mußte ich nach Triest weiterfahren, wo wiederum eine jüdische Organisation auf meine Ankunft wartete. Sie hatte die notwendigen Papiere für die Überfahrt auf der »Messapia« vorbereitet. Mein Schuhfabrikant beschloß, mich nach Triest zu begleiten. Das war mir sehr angenehm. Er sorgte für alles, für das Gepäck, das richtige Abteil und für Reiseproviant. In Triest stiegen wir in einem ihm offensichtlich gut bekannten Hotel ab. Am nächsten Morgen erschien ich im letzten Augenblick, etwas müde, aber strahlend am Kai, wo die »Messapia« zum Auslaufen bereit lag. »Unerhört! Wo waren Sie denn? Wir haben schon nach Berlin telegrafiert. Ihre Mutter ist außer sich. Hören Sie, außer sich!« Die Empörung floß an mir ab wie Wasser an einer Ente.

Ich eilte aufs Schiff und blickte noch einmal zurück. Da stand mein Schuhfabrikant mit einem riesigen Blumenstrauß im Arm – Gott weiß, wo er ihn so schnell her hatte – und warf ihn schwungvoll über die Reeling: »Arrivederci, fiore! Bella, bellissima!« – »Arrivederci, amore mio«, rief ich zurück. Mißbilligende, aber auch amüsierte Blicke beobachteten die Szene. Das Schiff setzte sich in Bewegung.

Ich tauchte in eine mir wirklich sehr, sehr fremde Welt. Zum erstenmal lernte ich palästinensische Juden kennen, keine Kibbuzniks, sondern reiche, schöne, unbekümmerte Frauen und stolze, selbstbewußte Männer. Auf dem Deck der Ersten Klasse spielten sie Golf, saßen lässig an der Bar und tranken ihre Cocktails, alles in überaus englischem Stil.

Unbekümmert machte ich jeden Morgen auf dem Deck der Zweiten Klasse vor dem Frühstück meine Tanzübungen. Es ging besser, als ich nach der schweren Zeit erwartet hatte. Beobachtet wurde ich vom Deck der Ersten Klasse aus von einem leicht untersetzten, aber kräftigen Mann, etwa fünfzig Jahre alt. Stahlgraue Augen, muskulös durchtrainierte Beine in Bermudas – so stand er breitbeinig da. Eines Morgens stieg er in die zweite Klasse hinunter und kam auf mich zu. »Shalom«, sagte er freundlich. »Shalom«, antwortete ich. Soweit reichten meine hebräischen Sprachkenntnisse. Doch dann ließ er einen hebräischen Redeschwall auf mich los. Hilflos, ein wenig beschämt, stand ich vor ihm. »Oh, you don't speek Iwrit?« fragte er mich. »No«, stotterte ich. »Well« – lag in seinem Blick Tadel, Mißbilligung? –, »was wollen Sie in Palästina machen?« Fragen über Fragen, tadelnd und in leicht abschätzigem Ton. Allmählich nervte mich seine Rechenschaft fordernde Art. Ich hatte genug von »and«, »why« und »how«. Als er mich fragte, in welchen Kibbuz ich gehen würde, hatte ich die Nase voll: »Ich bin Tänzerin, verstehen Sie? Durch Professor Hauser habe ich ein

Stipendium für das Conservatoire of Music in Jerusalem bekommen. Dort werde ich weiterstudieren. Erwarten Sie immer von den Einwanderern diesen Kibbuz-Idealismus? Wie leben Sie denn in Palästina? Sie scheinen ja auch nicht im Kibbuz zu leben, so wie Sie aussehen!«

Merkwürdigerweise war er nicht böse. Amüsiert zog er eine Visitenkarte aus seiner Brusttasche: »Kommen Sie mich in Jerusalem in meinem Office besuchen. Vielleicht kann ich Ihnen helfen.« Bevor er wieder zur Ersten Klasse hinaufstieg, drehte er sich noch einmal um und fragte: »Haben Sie Lust, heute abend einen Drink mit mir an der Bar zu nehmen?« Ich warf einen Blick auf die Visitenkarte. Er hieß Kisseloff und war einer von vier Kommissaren, die dem englischen High Commissioner in der Mandatszeit zugeordnet waren – jeweils zwei Araber und zwei Juden. Also, Mr. Kisseloff war ein »dicker Fisch«.

»Hast du ein Glück, jetzt kann dir nichts mehr passieren«, meinte Hans Kreitler, ebenfalls Passagier der Zweiten Klasse und Sohn einer großen Wiener Konzertagentur und Pianofirma. »Jetzt hast du's geschafft.« – »Geschafft? Lächerlich.« Wie sich später herausstellte, nutzte mir Mr. Kisseloffs Protektion überhaupt nichts. Ja, die Damen der Gesellschaft, die er zu mir schickte, wollten schon Gymnastik- und Tanzunterricht haben, aber mit der Bezahlung taten sie sich schwer. Und auf die Ehre, zum Nulltarif zu arbeiten, konnte ich verzichten.

Das Schiff näherte sich Haifa. Es war eine helle Mondnacht. Verzückt blickte ich auf die in die Hügel des Mount Carmel eingebetteten weißen Häuser. Ihre Lichter schienen uns ein Willkommen zuzublinken. Das Schiff legte an, und Beamte kamen an Bord: Paßkontrollen, Gepäckkontrollen, die Gesundheitsbehörde – alles Juden, die mich wohlwollend beäugten. O Glück, o Friede, o Wonne! Hier fühlte ich mich sicher.

Den ersten Schock bekam ich, als wir Einwanderer zunächst in riesige Baracken gescheucht wurden. »Schnell, schnell! Es ist Curfew.« – »Curfew?« – »Sperrstunde. Ausgehverbot für alle Einwohner Haifas, Juden und Araber«, wurden wir informiert. War das die Sicherheit, nach der ich mich so gesehnt hatte?

Damals hatte die englische Regierung mit den Juden ein Abkommen getroffen – die berühmte Balfour-Declaration –, die ihnen das Recht auf eine nationale Heimstätte in Palästina zusicherte. Theodor Herzl war der Vater dieser Idee, die unter der Weimarer Verfassung von den deutschen Juden wenig beachtet wurde: »Wir sind doch Deutsche.« Aber Hitler belehrte sie eines anderen. Schmerzlich mußten die deutschen Juden sich ihr Deutschsein aus dem Herzen reißen. Viele ältere zerbrachen daran. Die jüngeren suchten nach neuen Ufern, neuen Identifikationen. Sie stellten fest: »Wir müssen einen eigenen Staat haben, Palästina, das Land unserer Väter.« Daß diese Idee – die Rückkehr nach zweitausend Jahren – zu einem Riesenproblem mit den dort lebenden Arabern werden würde, kam merkwürdigerweise damals niemandem in den Sinn.

Die Juden kauften den Arabern Land ab und verwandelten Wüste und Sand in fruchtbaren Boden. Ehemalige Akademiker und Intellektuelle wurden Bauern, Straßenarbeiter, Gärtner und widmeten sich hingebungsvoll der Aufgabe, den steinigen Boden in blühendes Land zu verwandeln. Die Heimkehr zur eigenen Erde war wie ein Rausch: Viele warfen sich bei ihrer Ankunft auf den Boden und küßten die Erde.

Da war ich nun, nicht nur konfrontiert mit Sperrstunde, »Licht aus!« und »Seid still!«. Auch die Geringschätzung, mit der die deutschen Einwanderer von der Elite, den russischen und polnischen Juden, angeguckt wurden, enttäuschte mich. »Na, was könnt ihr schon? Wollen mal sehen ...« drückte ihre Haltung allzu deutlich aus.

Mir ging es zu Anfang sehr dreckig, so daß ich mit dem Gedanken spielte, in einen Kibbuz zu gehen. Als ich auch hier nur Überheblichkeit spürte, wurde ich wütend. Wie saublöde sind doch die Menschen! Wir saßen doch nun wirklich alle im gleichen Boot. Muß sich denn immer einer über den anderen stellen? Zum Teufel! Ich beschloß, mein Leben selber in die Hand zu nehmen, mich selbständig zu machen um jeden Preis. Knechtschaft, dienen, Untertan sein – nicht mit mir.

Am nächsten Morgen, bei strahlendem Sonnenschein – blau,

so blau glitzerte das Mittelmeer an Haifas Küste – fuhr ich mit einem mit Menschen vollgepackten Bus nach Jerusalem, um mich meiner Lehrerin im Conservatoire of Music vorzustellen. Gertrud Kraus, gebürtige Wienerin, war eine große Künstlerin und überragende Persönlichkeit. Sie war nicht nur Tänzerin und Choreographin, sondern auch eine hervorragende Pianistin. Ursprünglich sollte sie Konzertpianistin werden. Aber um sich während des Studiums Geld zu verdienen, begleitete sie in Wien den Tanzunterricht der berühmten Geschwister Wiesenthal auf dem Klavier. Dann beschloß sie, selber Tänzerin zu werden, und hatte großen Erfolg mit ihren eigenen Tanzkreationen. Gertrud Kraus war eine Zeitgenossin von Mary Wigman und eine einmalige Interpretin des Ausdruckstanzes.

Schon vor dem »Anschluß« an das Reich zeichneten sich die Wiener durch einen besonders starken Antisemitismus aus. Das veranlaßte Gertrud Kraus, nach Palästina auszuwandern, wo sie dann im Conservatoire of Music die Tanzausbildung leitete. Faszinierend, schlechthin genial, machte sie auf mich einen ungeheuren Eindruck. Ich tanzte ihr vor, und sie steckte mich gleich in ihre Meisterklasse.

Jerusalem! Welch ein Erlebnis! Wenn die rote Abendsonne hinter den weißen Häusern und den Bergen versank, fühlte ich mich Gott nahe. Und dann die Menschen, das Leben, dieses wundervolle freie Leben! Ich hatte kaum Geld, wenig zu essen, wußte noch gar nicht, wo ich wohnen sollte. Aber das kümmerte mich alles nicht, so berauscht war ich. Diese Mischung aus teils biblischem, teils ganz modernem Leben wirkte auf mich, ein junges Ding, das gerade aus dem KZ gekommen war, unbeschreiblich. Immer mehr Flüchtlinge, immer mehr Einwanderer kamen. Wir fühlten uns wie eine große Familie.

Und was für interessante Leute unter ihnen waren: Kurt Weill, der berühmte Komponist von Bertolt Brechts ›Dreigroschenoper‹, der dann später nach Amerika ging; der Komponist Arnold Schönberg; Schriftsteller, Maler, Musiker. Sie alle saßen in einem Café, das einen Hauch von dem berühmten Romanischen Café in Berlin hatte. Man redete, diskutierte, komponierte – war verrückt und besessen wie eh und je.

Gertrud Kraus nahm mich immer zu allen Veranstaltungen mit, in Konzerte, zu Vorträgen, ins Theater. Sie kannte jeden, und jeder kannte sie. Tatsächlich war sie im ganzen Land eine Berühmtheit, auch in den Kibbuzzim, wo man sie begeistert feierte. Einmal, als sie von Tel Aviv nach Haifa fuhr, um einen Tanzabend zu geben, ließ sie geistesabwesend, wie sie immer war, ihren Koffer mit allen Kostümen an der Bushaltestelle stehen. »Der gehört Gertrud Kraus«, sagte ein Passant, »laßt ihn stehen. Sie wird ihn schon abholen.« Niemand rührte den Koffer an. Und richtig, nach einer Stunde kam Rifka, Gertruds treue Sekretärin, und holte ihn ab. Ja, so war das damals: offene Türen, nichts verschlossen. Mir ist nie etwas geklaut worden.

Ich wohnte damals in Jerusalem in einem wunderschönen, alten arabischen Haus, neben dem Bezalel-Museum. Das junge Paar, in dessen Zimmer ich einzog, war studienhalber für ein Jahr in die Schweiz gefahren. Neben meinem Raum befand sich das Atelier des Berliner Malers Jakob Steinhardt, der dort mit seiner Frau und seiner Tochter lebte. Er war in den dreißiger Jahren ein sehr bekannter Maler in Berlin gewesen. Noch heute hängen Bilder von ihm in einem der Berliner Museen.

Das Haus, in dem ich wohnte, lag mitten in einem wildblühenden Garten. Viele Partys wurden dort von den Steinhardts gegeben. Einmal fand ein Fest zu Ehren der »Königin der Nacht« statt. Die »Königin der Nacht« ist eine weiße Kaktusblüte von der Größe einer Seerose, die sich des Nachts ganz langsam öffnet, bis sie den Höhepunkt ihrer strahlenden Schönheit erreicht. Nach wenigen Sekunden schließt sie sich langsam und fällt schlaff in sich zusammen. Eine unerhört bewegende Darstellung der Natur vom Leben und Sterben! Die Steinhardts hatten an diesem Abend zu einem Kammerkonzert geladen, an dem ehemalige Musiker des Berliner Philharmonischen Orchesters ein Mozart-Konzert gaben. Es war einmalig.

Inzwischen wurde meine Situation wirtschaftlich immer

schwieriger. Das mehr als bescheidene Begabtenstipendium, das mir vom Konservatorium gewährt wurde, reichte kaum für die Miete. So jobbte ich, putzte hier und da – was ich furchtbar schlecht machte –, nähte ab und zu ein Kleid, bediente in einer Druckerei eine Maschine und so weiter. Aber die Leute, bei denen ich arbeitete, hatten selber kein Geld und vertrösteten mich mit der Bezahlung immer wieder auf das nächste Mal.

»Komm mit mir nach Haifa«, sagte eine junge Tänzerin der Gertrud-Kraus-Gruppe zu mir, »dort gibt es einen großen Nachtclub, das ›Casino‹. Ich hab' gerade einen Vertrag abgeschlossen. Ein toller Laden, direkt am Wasser. Der Besitzer ist ein kleiner, fetter Ungar. Er ist okay.« – »O nein! Ich ins Nachtleben? Was würde Gertrud sagen?« – »Quatsch«, meinte Alina, »denk an Bertolt Brecht: Erst kommt das Fressen, dann kommt die Moral.« Verächtlich schüttelte sie ihre blonden Locken: »Und außerdem, was ist Moral? Ein Luxus, den man sich leisten können muß. Schau doch deine Finger an: abgebrochene Nägel, rauhe Haut! Sehen so die Hände einer Tänzerin aus?«

Sie hatte recht. »Ich komme mit«, rief ich. »Sehr gut«, sagte Alina, »und jetzt wirst du erst mal mit mir frühstücken. Ich lad' dich ein.« Sie schnippte mit den Fingern: »Ober, noch ein Ei.« Noch ein Ei? Wieso konnte sie sich das leisten? »Ich hab' schon Vorschuß vom Eismännchen bekommen.« – »Eismännchen?« – »Na ja, Eismann.« So hieß der dicke ungarische Besitzer des Casino.

Meine geliebte Meisterin Gertrud war tief gekränkt: Ihre Lieblingsschülerin wollte also ihre Kunst, den heiligen Tanz, in einem Nachtlokal prostituieren. Das ist ja völlig idiotisch, dachte ich. Irgendwo war diese große Künstlerin doch sehr – na ja, sagen wir – weltfremd. Wie sich später herausstellte, brauchte sie sich meiner nicht zu schämen. Als sie sich nach einem Jahr entschloß, die Nachmittagsvorstellung des Casino zu besuchen, kam sie hinterher in die Garderobe und umarmte mich. »Lotti, du darfst«, sagte sie, »du darfst.«

Auf das, was ich im Casino lernte, hatte mich das Oberlyzeum bestimmt nicht vorbereitet. Es war eine ganz wichtige Phase in meinem Leben, die mir viel gegeben hat. Und ich habe meinen Entschluß, ins Nachtleben einzusteigen, nie bereut.

Bald merkte ich, daß ich mit meinen Themen – »Schöpfen-Streuen«, »Die Flucht«, »Wanderer in der Nacht«, »Der Gefangene« – keinen Blumentopf beim Kabarett-Publikum gewinnen konnte. Kopfschüttelnd beobachtete mich eine aus Polen stammende Chansonsängerin, eine tolle Frau. »Lotti, was du tanzen für'n Unsinn?« meinte sie in ihrem drolligen Deutsch. »Menschen kommen, wollen trinken, vergessen, tanzen, lachen – doch nicht weinen. Und du, was machst du? Windest dich wie ein Trauerkloß. Dabei hast du ein so ausgesprochen komisches Talent! Hinter die Bihne bist du immer komisch, und auf die Bihne bist du Tragödie. Mach's mal umgekehrt!«

Sie hatte recht. Dem Boß des Casino dagegen waren meine tänzerischen Darbietungen ganz gleichgültig. Als er mich engagierte, musterte er mich aus seinen blauen Basedow-Augen von oben bis unten: »Hast du schöne Füssele«, stellte er fest. »Abär, bitta schön, wirst du auch trinken mit Gast?« – »Was?« Alina gab mir unter dem Tisch einen kräftigen Tritt gegen das Schienbein. »Sei doch nicht so dumm, du Jeckete«, zischte sie mich an. »Sag ja, und fang doch erst mal an. Alles andere wird sich finden.«

Unter den Fittichen der polnischen Chansonsängerin, dieser wundervollen Frau, entwickelte ich einen ganz neuen Tanzstil: die Pantomime. Ich verulkte eine Debütantin, den ersten Auftritt einer jungen Tänzerin, die ständig über beide Beine stolpert. Ich tanzte eine Parodie auf Toscanini, den ich in Jerusalem erlebt hatte. Und vieles mehr. Der Erfolg war so groß, daß ich als Attraktion vom Beginn des Programms ans Ende geschoben wurde.

Zu trinken lernte ich auch. Der Champagner floß. Ich trank und kotzte und trank und kotzte, aber langsam gewöhnte ich mich an den Alkoholkonsum, mehr noch: Ich begann ihn zu lieben. Ich fing an, das Nachtleben zu genießen, wurde richtig süchtig danach. Ungeduldig wartete ich auf die Nacht, die immer aufregende Erlebnisse brachte. Was für eine neue Welt! Weit weg vom »jeune fille bien élevée«. Vormittags räkelte ich mich genüßlich am Swimmingpool der neben dem Casino liegenden Badeanstalt, nachmittags ging ich mit meiner Freundin Olga auf den arabischen Basar, um herrliche Stoffe zu kaufen, die aus Syrien und dem Libanon kamen. Wir wurden immer herzlich begrüßt, schlürften türkischen Kaffee und feilschten wie wild mit den Arabern, bis wir den richtigen Preis zur beiderseitigen Zufriedenheit ausgehandelt hatten.

Damals kamen auch die reichen Araber ins Casino. Im Dinnerjacket, nach Knoblauch und schwerem süßlichen Parfüm duftend, eben nach allen Wohlgerüchen Arabiens, brachten sie mich, während wir Tango tanzten, manchmal einer Ohnmacht nahe. Während des Krieges kamen sie oft in Begleitung von hohen englischen Offizieren und ihren Damen: die Frauen in atemberaubenden Roben und die Offiziere in ihren schmucken Abenduniformen. Es war Operette à la grande.

Wir, die Tänzerinnen, hatten unsere Stammgäste, die für uns die Champagner-Korken knallen ließen, und hatten ein Ehrenabkommen untereinander: sich den Gast nicht gegenseitig abzuwerben. Wehe einer Neuen, die es wagte, so etwas zu tun!

Ein gefürchteter, aber wegen seiner Großzügigkeit dennoch tolerierter Gast war ein Captain der Grenadier Guards. Er war 1,90 Meter groß, sah aus wie Jean Gabin in seinen besten Jahren, und man sagte mir, daß er der Schwiegersohn von Lord Beaverbrook sei. Lord Beaverbrook war kanadischer Abstammung und zu dieser Zeit der Zeitungstycoon von England. Dieser Captain hieß Bellaires. Seine Mutter war französischer, sein Vater englischer Herkunft, und er beherrschte beide Sprachen perfekt. Im Zivilleben war er Jurist. Den Krieg, das Militär, seine Vorgesetzten, kurz: den ganzen Zirkus haßte er wie die Pest. Das äußerte sich darin, daß er im Casino im Gegensatz zu seinen eleganten Kameraden in dreckigen Khaki-Shorts erschien. Ein bis zum Gürtel offenes Bushjacket entblößte seine nackte, breite Brust bis zur Taille. An seinen Hüften baumelten rechts und links Revolver.

Jedesmal, wenn er ins Casino kam, schoß er zur Begrüßung erst einmal zwei Birnen des großen Kronleuchters kaputt. Er war ein vorzüglicher Schütze. Dann brüllte er nach Schampus und vergnügte sich damit, die Beine auf dem Tisch liegend, das Programm mit lauten Zwischenrufen anzufeuern.

»Fritz!!!« – »Yes, Sir.« Fritz, der alte, erfahrene Nightclub-Kellner aus Berlin, watschelte auf seinen Plattfüßen eifrig an Bellaires Tisch. Nur Fritz wurde mit ihm fertig. Komischerweise hatte er eine große Schwäche für den Randalierer. Nicht nur wegen der großzügigen Trinkgelder, die er immer von ihm erhielt – nein, das war es nicht. Fritz war auch ein Snob, wie es nur ein echter Nightclub-Kellner sein kann. Er »roch« Qualität.

Bellaires hatte eine Schwäche für mich und verhielt sich immer merkwürdig ruhig, wenn ich meine Tänze vorführte. Eines Abends, nachdem er wieder Schrecken und Unruhe unter den Gästen verbreitet hatte, sagte er zu Fritz: »Tell the little lady, I would like to have dinner with her.« Nicht zu Unrecht leicht nervös, übermittelte mir Fritz diese Botschaft. Er wußte ganz genau, was ich von diesem »Wilden« hielt. »Ich denke nicht daran«, zischte ich. Bittend schaute Fritz mich aus seinen lieben Augen an. »Ich sage dir, er ist ein richtiger Sir. Das sieht jemand wie ich auf den ersten Blick ... Tu mir den Gefallen.« – »Also gut, weil du es bist, Fritz.«

Ich ging auf den Tisch zu, an den Bellaires sich hingeflegelt hatte. Zu meinem Erstaunen erhob er sich, galant küßte er mir die Hand und meinte: »Ah, there she is, our little star. You are a wonderful artist, ma petite.« – »And you are an old horror the way you behave«, antwortete ich. »Look at you – filthy dirty.« Entsetzt watschelte Fritz davon, nachdem er mir noch einen kläglichen Blick zugeworfen hatte. Ich blieb ungerührt. »I won't have dinner with you – unwashed and dirty as you look. Fritz says, you are a Sir. Well, you have a very funny way of showing it.« Hocherhobenen Hauptes ging ich davon.

Am nächsten Abend betrat ein wahrer Traumprinz in Galauniform das Casino. »Fritz, maybe now the little lady will have dinner with me?« Ich war hingerissen. »Fritz, what do you suggest for dinner?« – »Sir ... Krabbencocktail, Steak Stroganoff und danach vielleicht ein Lemon-Sorbet.« Und natürlich Champagner: die Witwe – Veuve Clicquot.

Bei der dritten Flasche schwamm ich in Seligkeit. Beneidet, bewundert, beobachtet von meinen Kolleginnen, fühlte ich mich wie eine Königin. Auch Olga, meine Freundin, meinte anerkennend: »Diese Jeckete, wie hat sie nur das wilde Tier gezähmt?« Fritz war glücklich, sein Trinkgeld war fürstlich. Er hatte recht gehabt, dieser alte, erfahrene Uhu: Bellaires war ein Sir.

Und dann? Wie konnte ich widerstehen? Leise schlichen wir uns in das Haus meiner Wirtinnen, zwei alter Jungfern aus Chemnitz, in deren Wohnzimmer ich einquartiert war. Verhalten klirrten die aus Deutschland mitgebrachten Kristallgläser bei unserer leidenschaftlichen Umarmung. Seine Versicherung, daß seine Hände noch nie eine so schöne, seidige Haut wie meine gestreichelt hätten, machte mich glücklich. Er war ein wundervoller Lover.

Sechs Uhr morgens. Ich erwachte von einem unterdrückten Gemurmel: »Hmm, hmm, hmm.« Mein Lover saß im Bett, zeigte auf seinen zahnlosen Mund und dann auf den Boden. Sein Gebiß! Wo waren seine Zähne? Ich sprang auf und kroch unters Bett. Da lag das Gebiß, ein ungeheuer häßliches, altmodisches Gestell, wie es heute gar nicht mehr hergestellt wird. Blitzschnell schob er es in den Mund und fand seine Sprache wieder: »I'm late, I'm late. I have to be at headquarters at half past six.« In Windeseile zog er sich an und raste zur Tür, kehrte aber noch einmal zurück und drückte mir einen Kuß auf die Stirn: »Thank you, Darling. Thank you very much.« Fassungslos blickte ich ihm nach, dann brach ich in Tränen aus. Wieder einmal erlebte ich, wie dicht das Profane neben dem Romantischen liegen kann.

Bist du verliebt,
verzückt, verzaubert,
merk dir's:

Über lang, über kurz
läßt dein Prinz
auch 'nen Furz.

Übrigens, das mit den Zähnen: In England war damals die Zahntechnik noch recht rückständig. Tat ein Zahn weh – raus damit. Ein Gebiß zu haben war nichts Unübliches. Erst die aus Deutschland eingewanderten jüdischen Emigranten veränderten die verstaubten Methoden einschneidend. Sie behandelten die Zähne ihrer dankbaren Patienten, anstatt sie herauszureißen. Viele dieser Zahnärzte wurden durch ihre modernen Behandlungsmethoden respektiert, verehrt und reich.

Ich sah meinen Traumprinzen nie wieder. War er zu spät ins Headquarter gekommen? Und hatten sie ihn zur Strafe nach Griechenland oder in die Wüste geschickt? Ich hoffte nur, daß er nicht einen zu hohen Preis für unsere Liebesnacht bezahlen mußte.

Ein weiteres Erlebnis bereicherte meine Sexualkenntnisse wesentlich. Die Gardeoffiziere, die ins Casino kamen, waren die »crème de la crème«. Einer sah toller aus als der andere. Wir nannten sie die »Bandwürmer«, weil sie so lange Beine hatten. Und dann trugen sie diese hautengen Hosen mit dem jeweiligen Streifen ihres Regiments an den Seiten, eng anliegende Jacken mit Silberepauletten und hohen, bestickten Kragen. Wie verführerisch sich die Hosen über ihre knackigen Hintern spannten!

Mich erwischte ein Offizier im Rang eines Colonels, graumeliert, elegant, aristokratisch – kurz: ein Mann von Welt. Ich war entzückt. Bei einem Glas Champagner neigte er sich zu mir und sagte: »Wissen Sie, ich würde gerne zum Tee zu Ihnen kommen.« – »Oh, yes«, hauchte ich, »aber gerne.« Ich bin schon immer sehr gastfreundlich gewesen. »You know«, fuhr er fort, »ich werde Ihnen etwas aufschreiben, Instruktionen, und möchte, daß Sie sich danach richten, wenn ich Sie besuche.«

Ich, unschuldig und unerfahren, wie ich nun einmal war, nickte zustimmend. Vielleicht wollte er seinen Tee schwarz oder mit Zitrone, Chinese Tea oder Indian Tea? Aber was stand auf dem Zettel, den er mir diskret herübergeschoben hatte? »I would like to be your pupil – ich möchte Ihr Schüler sein. Ich möchte gerne Deutsch lernen, und jedesmal, wenn ich meine Aufgabe nicht gelernt habe oder ein Wort falsch ausspreche, legen Sie mich übers Knie und bestrafen mich.«

Waaas? Diesem hochgewachsenen Mann sollte ich den Hintern versohlen? Ich stellte mir vor, daß ich unter seinem Gewicht zusammenbrechen würde. Und woher sollte ich die Kraft nehmen, ihn zu verhauen, fragte ich mich. Mir war nicht ganz geheuer bei dieser Geschichte. Ich vertraute mich meiner russischen Freundin Olga an. Olga – das war auch eine Type für sich. Sie hatte viel mehr Erfahrung, da sie auch beträchtlich älter als ich war. Sie war in Paris gewesen, hatte dort Ballett studiert und in den interessantesten Kreisen gelebt. Sie wußte sofort, was Sache war. »Lottinka«, meinte sie nicht sehr beeindruckt, »c'est l'amour. Dein Colonel ist ein Masochist.« – »Ein Maso ... was?« – »Stell dich doch nicht so an«, sagte Olga, »oh, diese Jeckes!« Ausführlich und genüßlich erklärte sie mir, worum es ging. »Nein, das kann ich nicht!« – »Das ist nur eine Variante der Liebe«, meinte Olga unbekümmert.

Aber: Er kam zum Tee. Elegant angezogen, mit einer Reitpeitsche in seiner behandschuhten rechten Hand. Wir tranken Tee. »Well, now we start our lesson«, meinte er nach einer Weile. Mir fiel fast das Herz in die Hose. »Yes, nun beginnen wir unsere Lektion«, wiederholte ich beklommen. »Also, wir machen erst einmal die grammatikalischen Fälle«, schlug ich vor, »Nominativ, Genitiv, Dativ, Akkusativ.« Er stellte sich ganz bewußt saudumm und schwerfällig an. »Das ist ja ein Skandal!« begann ich das Spiel. »Didn't you do your homework? Sofort kommst du her!« Nicht schlecht, dachte ich. Das geht ja schon ganz gut.

Das Spiel ging weiter. »Oh, no. Please forgive me«, wimmerte er. »I don't forgive you«, sagte ich streng, »du kommst sofort hierher.« Und dann kam dieser hinreißende, hochgewachsene Mann auf allen Vieren auf mich zugekrochen. »Where is the whip?« brüllte ich, »wo ist die Peitsche?« – »Ah, ah«, stöhnte er. Er konnte das gut und genoß offensichtlich meine Strenge. »Give me the whip.« Gehorsam reichte er mir die Peitsche. Das war was! Oh, my God. Jetzt muß ich ihm den Arsch versohlen, dachte ich. Es war wirklich eine groteske Situation. Wie gerne hätte ich mit ihm ... statt dessen nun dieses ganze Theater! Na ja, wie hatte Olga lässig festgestellt: C'est l'amour!

»Over my knee«, sagte ich streng. Der erste Schlag fiel. Offensichtlich war er nicht schlecht ausgefallen, denn der Colonel war begeistert. Langsam wurde er immer erregter und sein Glied immer steifer. Die nicht unbeachtliche Größe seines Geschlechts beeindruckte mich sehr. Welche Verschwendung! Wusch, wusch – wieder sauste die Peitsche auf seinen herrlichen entblößten Hintern. Vor Anstrengung rang ich nach Luft. »Ha!« schrie er entzückt. Seine Schreie wurden lauter. Oh, my God! dachte ich. Meine Wirtinnen, die Nachbarn – hoffentlich hören sie nichts. Ich stand wahre Ängste aus, aber ich mußte da durch. Wusch, wusch – wieder landete die Peitsche auf dem aristokratischen Hintern meines Gastes. Ich muß gestehen: Langsam fing es an, mir Spaß zu machen. Pfui Teufel, aber mir blieb keine Zeit, mich zu verachten.

Der Colonel erreichte einen unglaublichen Orgasmus. Und jetzt wurde es erst richtig interessant. Der ganze Wahnsinn, die ganze Performance war vorbei. Der sich unter den Peitschenhieben genüßlich windende, winselnde Mann verwandelte sich wieder in einen Sir: elegant, zurückhaltend und vollendet. »Now let's have a glass of champagne, my dear«, meinte er gutgelaunt. Er öffnete eine Flasche Veuve Clicquot, die er mitgebracht hatte. Mit einem Knall flog der Korken an die Decke. Wie wohl tat uns beiden das köstliche Naß nach den vorausgegangenen Anstrengungen. Angerührt hat er mich nicht. Der Colonel ging, von Kopf bis Fuß ein Gentleman.

Wir machten nicht nur im Casino Programm, sondern auch Entertainment-Abende für die englischen Truppen. Der Liebling der britischen Soldaten war Rachel, eine aus Österreich stammende Sängerin. Für sie hatte ein Freund, ebenfalls ein Österreicher, einen Song geschrieben, der im Mittleren Osten so populär werden sollte wie in Deutschland ›Lili Marleen‹.

I'm a Palestinian lady
I'm made in Palestine
A little English
A little Hebrew
A little Arabic
Isn't that fine?

I'm a Palestinian lady
And so are the friends of mine
A little English
A little Hebrew
A little Arabic
Isn't that fine?

I say yes, I say no
I say eiwua
And shalom
But if you want my heart
Mafisch, masari
Een makom*

I'm a Palestinian lady …

* *eiwua* phonetisches Arabisch für: ja
mafisch, masari phonetisches Arabisch für: kein Geld
een makom phonetisches Iwrit für: kein Platz

I'm a Pa-le-sti-nian La-dy I am made in Pa-le-
and so are the friends of
stine – a little English a little He-brew a little
mine
A-rabic isn't that fine? I say yes I say no I say
ei-wua and sha-lom but if you
I'm a Pa-le-sti-nian la-dy
I am made in Pa-le-stine a little
English a little Hebrew a little A-rabic isn't that fine

Aber die Zeit ist weitergegangen und auch das Leben der »Palestinian lady«. Die letzten Verse habe ich jetzt hinzugefügt:

Noch immer sitzt sie an der Jaffa Road.
Ihre Schönheit ist schon lange tot.
Bettelnd hebt die Alte ihre welken Hände,
weiß nicht – es ist schon längst zu Ende.

Bakschisch!!!

Männer eilen an ihr vorbei:
Alte, hör auf mit dem Geschrei!
Sie hört nicht auf und singt ihr Lied,
weiß nicht – was um sie herum geschieht.

Sie krächzt, sie kreischt,
wiegt sich hin und her.
Palestinian lady,
keiner kennt dich mehr.

I'm a Palestinian lady ...

Bakschisch!!!

Aber es gab auch tragische politische Ereignisse in dieser Zeit: etwa das Sinken der »Patria«. Die »Patria« war ein Schiff mit Hunderten von Flüchtlingen, das noch am Vorabend des Kriegsausbruches die Küste Palästinas erreichte, das Gelobte Land, die letzte Rettung für Flüchtlinge aus Deutschland, unter denen sich auch meine Eltern befanden.

Die englische Regierung bekam immer mehr Schwierigkeiten mit den Arabern, die keine weitere Einwanderung von Juden dulden wollten. Um sich ihre Position in diesem Krieg im Mittleren Osten zu sichern, brauchten die Engländer aber die Freundschaft der Araber. So begannen sie, die mit Flüchtlingen beladenen Schiffe abzufangen und umzuleiten, beispielsweise zur Insel Mauritius.

Dennoch landete die »Patria« im Hafen von Haifa. Meine Mutter erzählte mir später, daß die Menschen an Bord vor Glück geweint hätten, als sie die Lichter der Häuser erblickten und die weißen Uniformen der englischen Hafenpolizei. Sie hätten gerufen: »Engländer, Engländer, unsere Freunde.« Aber dann stürzten die englischen Polizisten auf das Schiff und hinderten die Menschen mit vorgehaltenen Waffen, an Land zu gehen.

Es gibt ein internationales Gesetz, nach dem Schiffbrüchige von dem Land, an dessen Küste sie stranden, aufgenommen werden müssen. Die Hagana, die jüdische Untergrundorganisation, aus der sich später die israelische Armee entwickelte, beschloß eine Verzweiflungsaktion. Es gelang ihr, eine Bombe auf das Schiff zu schmuggeln. Man hoffte, daß sich bei der Explosion die jungen Menschen retten würden. Und die Alten? Wer braucht schon die Alten?

Eines Morgens bei strahlendem Sonnenschein geschah es: eine ungeheure Explosion. Menschen eilten zum Kai. »Die ›Patria‹, die ›Patria‹!« Meine Eltern, mein Vater, meine Mutter! Verzweifelte Schreie. Weinend fielen sich die Angehörigen am Ufer in die Arme. Die »Patria« stellte sich auf die Spitze und begann zu sinken. Krachend fiel der Schornstein ins Meer. Dabei wurden viele Menschen, die um ihr Leben schwammen, erschlagen – vorwiegend junge Leute, die in panischer Angst ins Meer gesprungen waren.

Abends mußte ich im Casino tanzen. The show must go on! Ein englischer Navy-Captain, wohlbeleibt und mit Bart, ein richtiger Seebär, betrat den Nightclub. Ein beliebter Gast, ein wirklich netter Kerl und – ein großer Bewunderer von mir. »Come on, Darling«, sagte er, »let's have a drink together. Cheer me up, ich bin total fertig. Ich habe den ganzen Tag bei den Bergungsarbeiten geholfen. Mach mich ein bißchen froh.« Vielleicht, fragte ich mich, vielleicht hat er auch meine Eltern gerettet? In dieser Nacht gab ich seinem Drängen nach.

Mein guter Captain hat mir in dieser Nacht ein kleines Andenken hinterlassen: Filzläuse! Wieder erlebte ich, wie klein die Spanne vom Göttlichen zum Trivialen ist.

Die Filzlaus,
dieses winzigste aller Tierchen,
verdirbt oft so manches galante Pläsierchen.
Munter springt sie vom Schwanz auf die Möse
und ist verstimmt und verständlich böse,
vermasselt graue Salbe und eine Rasur
ihr die genüßliche Krabbeltour.

Am nächsten Tag erfuhr ich, daß meine Eltern lebten. Meinem Vater war nichts passiert. Meine Mutter hingegen brach sich vier Rippen, als sie in ein Rettungsboot geworfen wurde. Sie wurde bewußtlos und wachte erst im Krankenhaus wieder auf. Neben ihr lag wie Moses in seinem Schilfkörbchen ein Baby. »Was ist das?« fragte sie. »Ihr Kind«, entgegnete die Krankenschwester. »Mein Kind? Das ist nicht mein Baby.« Meine Mutter war zu dieser Zeit 54 Jahre alt.

Man hatte das kleine Lebewesen aufgefischt, seine Eltern waren offensichtlich ertrunken. Das Baby kam in einen Kibbuz, meine Eltern wurden in ein Aufenthaltslager nach Athlit gebracht. Verwandte der so untergebrachten Schiffbrüchigen wurden benachrichtigt, durften Pakete schicken und Besuche machen. Die Engländer hatten die Absicht, die Flüchtlinge auf ein neues Schiff zu verladen und nach Mauritius zu bringen. Allerdings hatte man durch Verhandlungen erreicht, daß diejenigen, die Verwandte im Land hatten, bleiben durften.

Inzwischen fanden im Lager lebhafte Aktivitäten statt. Die aus dem Wasser gefischten Koffer wurden aussortiert, und oft gab es wilde Raufereien: »Das ist meiner!« – »Nein, das ist meiner!« Aber, o Wunder, o Wunder! Meiner Mutter wurde eine Metallbox mit ihrem Namen übergeben, in der sich die wichtigsten Papiere wie Geburtsscheine, Ansprüche auf unseren Besitz und so weiter befanden. Ohne diese Papiere wäre es später schwer gewesen, Forderungen an die deutsche Regierung zu stellen.

Oft mußten die Besucher von Athlit mehr als eine Stunde in der glühenden Sonne vor einem hohen Zaun aus Stacheldraht warten, bis sie ihre Lieben sehen durften. Da gab es manchmal dramatische Situationen: Einem jungen Mann aus Jerusalem wurde mitgeteilt, daß sein Vater im Lager sei. Hocherfreut eilte er nach Athlit und stand einem wildfremden Mann gegenüber. »Das ist nicht mein Vater!« rief er empört. Es war ein Gestapo-Mann, den die Nazis mit dem Paß eines im Konzentrationslager Ermordeten ausgestattet hatten. »Du Schwein, ich bring dich um, ich bring dich um!« Der junge Mann riß sich am Stacheldraht die Finger blutig, und die Polizei bemächtigte sich des Nazi-Spions.

Ich sandte meiner Mutter die schönsten Pakete. Und erinnerte mich an alles, was sie so liebte: Parfüm, ihre Seife, Strümpfe, Nagellack, Pralinen, die meistens leider in der Sonne zerflossen. »Typisch meine Tochter«, meinte sie, »unpraktisch, aber lieb.« Saft und Orangen wären ihr lieber gewesen als der Firlefanz. Mein Bruder, der im Kibbuz lebte, mußte erst einen Antrag stellen, um ein Freßpaket an meine Eltern schicken zu dürfen. Die Kibbuzniks hatten damals selber nicht viel zu essen.

Es gab ein Lied, mit dem man die Pioniere besang – teils bewundernd, teils mitleidig:

> Wenn, wenn, wenn, singt der Chaluz,
> wenn er sich plagt in seinem Kibbuz,
> quält ihn der Hunger, möcht' er was essen,
> singt sich a Liedel, muß es vergessen.

Während des Krieges kamen die Australier nach Palästina. Ihr Chief of Staff im Mittleren Osten war Sir Thomas Blamy, der im Zivilleben »General Postmaster« in Australien gewesen war. Er war ein lustiger alter Knabe und tanzte leidenschaftlich gern Walzer. Und wenn er mit seinen Adjutanten und seinen Offizieren das Casino betrat, war Walzer-time. »Come on, Darling«, rief er mir zu. Und wild walzten wir zwischen Tischen und Stühlen. Einmal stolperten wir und fielen wie die Maikäfer auf den Rücken. Begeistertes Johlen von seinen Offizieren. Man begoß uns mit einem Magnum Champagner – wir erhoben uns und walzten weiter.

Das Interessante war, daß solche lockeren Abende nicht im geringsten den Respekt oder die Disziplin der Offiziere untergruben. Das habe ich immer bewundert. Dienst ist Dienst und Schnaps ist Schnaps – abends scheint der Mond und morgens back to duty.

Dazu fällt mir noch ein anderes lustiges Erlebnis mit den Australiern ein. Wieder einmal erschienen sie in Horden im Casino. Diese großen Kerle, Beine wie Baumstämme, ein bis zum Gürtel offenes Khaki-Hemd, den Hut in den Nacken geschoben, von der australischen Sonne gegerbte Gesichter – echte Pioniere. Da kamen sie reingestürmt, die Offiziere zusammen mit ihren Soldaten. Alle saßen sie am selben Tisch, sehr zum Ärger der englischen Offiziere. Als ihnen einmal der Portier des »Casino« – einst Doktor jur. in Berlin – den Eintritt mit der Bemerkung »Officers only, Sir« verwehren wollte, flog er gleich durch die Tür auf die Promenade. Ein australischer Major schob seinen Sergeanten vor sich her ins Lokal. »He was good enough in Greece to fight against the bloody Germans, and he is fucking good enough for me to drink with me here«, brüllte er und beruhigte sich erst durch das sanfte Zureden einer der hübschen Casino-Damen. Es hätte nicht viel gefehlt, und der Australier hätte den armen »Dr. jur. Portier« ins Meer geworfen.

In Palästina entstanden schwierige Situationen während des Aufenthaltes der Australier. Sehr selten saßen Engländer und Australier an einem Tisch, obwohl die Australier doch zum Commonwealth gehörten und sie zusammen den Krieg gegen Hitler führten. Aber beide Seiten hatten noch nicht vergessen, daß England unter Queen Victoria Menschen für das geringste Vergehen nach Australien verschifft hatte. Taschendiebe, die Brot geklaut hatten oder ein paar lausige Pennies, um zu überleben, wurden als Strafgefangene nach Australien gebracht, in die neue Kolonie der Engländer. Manche Australier, die jetzt reich waren und hohe Positionen in ihrem Land einnahmen, hatten noch Groß- und Urgroßväter, die ihr Leben als Sträflinge in Australien begonnen hatten. Das vergaßen die Australier nicht und die Engländer auch nicht – die Spannung war groß.

Bei der Zivilbevölkerung waren die Australier sehr beliebt. Der jüdische Pioniergeist fühlte sich dem australischen sehr verwandt. Man liebte die Schlichtheit und Natürlichkeit dieser Menschen, und besonders für die Kinder waren diese großen Kerle aus dem Busch eine Attraktion. Oft sah man einen Hünen von Australier durch die Straßen Tel Avivs ziehen, umringt von einer Schar Kinder. Am Halfter führte er einen Esel, auf dem vor Vergnügen kreischende Kinder saßen.

Nicht selten erlebte ich, wie eine Prügelei, die sich unter Einfluß von Alkohol zwischen Engländern und Australiern entwickelte, von der Militärpolizei geschlichtet werden mußte. Ja, da gab es schon prekäre Situationen. Aber ich fand sie herrlich, diese Australier, diese Riesenkerle, gutmütige Bären, von einer manchmal entzückenden Naivität und von großer Menschlichkeit.

Ein australischer Arzt verliebte sich in mich. Ernsthaft zog er in Erwägung, mich zu heiraten. Aber dann überdachte er den Fall noch einmal und sprach die erlösenden Worte: »I wonder what my mother will say when she sees you. She might not like you.« – »Fuck your mother and fuck yourself«, war mein Kommentar, und so endete a beautiful friendship. Wieder einmal, zum Glück.

In Haifa standen riesige Öltanks, die während des Krieges ein beliebtes Ziel der feindlichen Bombenangriffe waren. Aber glücklicherweise hatten die Deutschen diese Aufgabe den Italienern überlassen, die ihre Bomben immer daneben plumpsen ließen. »Let them sing ...« – die Engländer hatten schon recht.

Eines Abends luden mich meine australischen Freunde nach der Show zu einem Drink in ein neuerbautes Hotel am Strand ein. Ein Fahrstuhl führte in die zwölfte Etage zu einer schicken Dachgartenbar. Hier regierte Richard aus Berlin, der König der Barmixer. Er mischte die herrlichsten Drinks. Besonders liebte ich seine Fizzes auf Gin-Basis. Da gab es Gold Fizzes mit Eigelb und Silber Fizzes mit Eiweiß. Die schmeckten wunderbar, kippten aber auch ganz schön.

So saßen wir also an Richards Bar. Ich hatte schon einige von seinen Kreationen intus, mal »Gold«, mal »Silber«, und hatte plötzlich den Eindruck, daß das Gebäude nach links und nach rechts schwankte, um sich dann wieder in der Mitte zu fangen. In meinem wirklich besäuselten Zustand hatte ich die dumpfe Explosion einer Bombe gar nicht bemerkt. Richard hatte sich unter der Bar verkrochen, die Australier sahen leicht blaß aus – und ich flog vom Barhocker. »What's that?« fragte ich und erhob mich auf unsicheren Beinen. »Am I that drunk?« Schallendes Gelächter, und die Spannung löste sich. Eine Bombe hatte wieder einmal ihr Ziel verfehlt und war ganz in unserer Nähe ins Meer gefallen. Für das Hotel hätte sie ein Volltreffer sein können. Die Begeisterung der Australier für meine »mutige« Haltung schlug hohe Wellen. »What a girl, what courage!« Sie sahen in mir eine Heldin – dabei war ich nur stinkbesoffen.

Die Geschichte von meiner Courage hatte die Runde gemacht. Die Australier kamen am nächsten Tag in Scharen ins Casino. Kaum erschien ich, um mit meinem Tanz zu beginnen, stürmten die Boys auf die Bühne, hoben mich auf ihre Schultern und trugen mich durchs Lokal. »For she's a jolly good fellow ...«, grölten sie begeistert. Ach ja:

Auch der Suff
hat zu Zeiten
manchmal seine guten Seiten.

Doch weiter. In der Straße, in der ich wohnte, begegnete ich täglich einer sehr schönen Frau. Sie mußte um die vierzig sein, und besonders auffallend waren ihre schneeweißen Haare. Sie trug immer ein schwarzes, schlichtes Kleid und hielt in ihrer Hand einen schwarzen Regenschirm, den sie krampfhaft an ihre Brust drückte. Hin und wieder schaute sie sich nach rechts und dann nach links um. Fühlte sie sich verfolgt? Schließlich konnte ich meine Neugier nicht mehr beherrschen und sprach sie an:

»Warum tragen Sie immer diesen Schirm mit sich – bei strahlendem Sonnenschein?«

Sie erzählte mir, auf seltsam ruhige Weise, ihre Geschichte: »Es geschah an einem regnerischen Apriltag in Berlin, 1936. Ich saß bei meinem Friseur am Kurfürstendamm. ›Machen Sie mich heute besonders schön‹, sagte ich, ›ich feiere meinen Abschied, den Abschied von Berlin.‹ Auf einmal ertönten draußen Schreie, das Klirren von zerbrochenem Glas und dröhnende Schritte. Eine Frau stürzte in den Salon, blutüberströmt, mit zerrissenen Kleidern. ›SA‹, schrie sie, ›sie sperren den Kurfürstendamm ab. Macht, daß ihr wegkommt. Lauft, lauft!‹ Ich sprang auf, riß meine Tasche an mich und lief so, wie ich war, nach draußen. Ich lief und lief und bog in eine Seitenstraße ein. Atemlos blieb ich an einem Gartenzaun stehen. Der Regen strömte über meinen zitternden Körper. ›Mein Schirm‹, rief ich, ›ich habe meinen Schirm vergessen!‹ Da sagte eine Stimme hinter mir: ›Kommen Sie.‹ Und behutsam führte mich ein alter Mann in sein Haus. Seitdem habe ich immer wieder denselben Traum: Ich gehe auf einem breiten Boulevard spazieren. Im hellen Sonnenschein leuchtet mein bunter Schirm. Rechts und links wandeln Pärchen an mir vorbei. Auch sie tragen Sonnenschirme. Sie winken übermütig. Ich winke zurück. Ich bin glücklich. Auf einmal ist der Boulevard leer. Die Pärchen sind verschwunden. Marschmusik ertönt, Trampeln von schweren Stiefeln, näher, näher. Braune Uniformen. Rechts, links. Kein Entrinnen. Sie knien nieder, legen auf mich an. In meiner Angst ziele ich auf sie mit meinem Schirm wie mit einem Gewehr. Lächerlich! Auf einmal ist der Spuk verschwunden. Der Schirm fällt mir aus der Hand. Da ertönt eine Stimme: Vergiß nicht, niemals! Vergiß nie wieder deinen Schirm!«

Ich habe nie wieder mit dieser Frau gesprochen. Wenn wir uns später wieder begegneten, vermied sie, mich anzuschauen.

Der Krieg ging weiter und weiter der Tanz auf dem Vulkan. Rommel kam immer näher. Die Araber wurden den Engländern gegenüber immer dreister und hielten schon heimlich Hakenkreuz-Fahnen bereit, um Rommel zu begrüßen. Die Juden waren verzweifelt. Viele der Neueinwanderer dachten an Selbstmord, und viele brachten sich tatsächlich um. Die Nazis in Palästina – unvorstellbar, entsetzlich! Oder eigentlich: vorstellbar entsetzlich.

Mein zweiter englischer Mann, Colonel Huber, erzählte mir später, daß Montgomery ein Porträt von Rommel in seinem Zelt auf dem Schreibtisch stehen hatte. Warum? War es Haß, war es Bewunderung, oder war es beides? Wollte er sich seines großen Gegners jede Minute bewußt sein? Mein Mann hat mir viel von Montgomery erzählt. Er war ein kleines, dürres Männchen und lebte asketisch: Er rauchte nicht, trank nicht, war tief religiös, ging mit den Hühnern schlafen und war zum Ärger seiner Mitarbeiter schon um fünf Uhr morgens putzmunter.

Welch ein Gegensatz zu Churchill! Er ein Sanguiniker, rauchte – wie man weiß – seine dicken Zigarren, trank eine Flasche Brandy am Tag, dazu jede Menge Whisky und Champagner. Mit diesem Konsum wurde er, gegen besseres Wissen der Ärzte, über neunzig. Er beschimpfte seinen Leibarzt als Quacksalber, warf ihn regelmäßig raus und rauchte und trank munter weiter. Im Gegensatz zu Montgomery war Churchill ein Nachtmensch, der erst um die Mittagszeit munter wurde. Die beiden in einer Konferenz zusammenzubringen, soll ein wahres Kunststück gewesen sein.

Der kleine große Feldmarschall Montgomery wurde von seinen Soldaten sehr geliebt. Sie nannten ihn kurz »our Monty«. Vor einer Schlacht ging er zu seinen Soldaten, setzte sich auf einen Tisch mitten unter sie und erklärte ihnen, worum es ging. Für ihn war der einfache Soldat nicht nur ein Befehlsempfänger nach dem Prinzip »Maul halten, weiterdienen«, sondern ein Kamerad, ein Mitkämpfer. Seine Truppen folgten ihm durch dick und dünn. Später versuchte mancher General, »Monty« zu kopieren. Aber wie heißt es so schön? Oft kopiert und nie erreicht. Für Monty gingen die Soldaten ins Feuer, in den Tod oder in den Sieg. Vor der Schlacht von El Alamein, so erzählte mir mein Mann, legte sich Monty wie üblich am frühen Abend ins Bett, nachdem er mit seinen Offizieren die Kampfstrategie besprochen hatte: »Gentlemen, I wish you a good night.«

An einem heißen Abend in Haifa kam ein Major ins Casino, mit großen braunen Augen, einer witzigen, großen Nase, die ihm unglaublich gut stand und die alles, was um ihn herum vor sich ging, neugierig zu beschnuppern schien: Major Alexander Kingaby. Er war wundervoll exzentrisch, voller verrückter Ideen und Geschichten und guckte mich anbetend mit seinen samtbraunen Augen an: »Wenn der Krieg vorbei ist, kommst du mit mir nach London. Du wirst meine Frau«, erklärte er mir schlicht und einfach.

Wir heirateten im englischen Kommissariat von Tel Aviv. Unmittelbar nach der Trauung bekam ich einen englischen Paß und wurde von heute auf morgen Engländerin. So einfach ging das damals, heute ist ja alles viel schwieriger und langwieriger geworden. Nun war ich Mrs. Alexander Kingaby. Als ich zum erstenmal so angesprochen wurde, hatte ich ein ganz komisches Gefühl im Magen.

Zur Hochzeit schenkte mir Alecs Vorgesetzter ein Buch mit dem Titel: ›English customs and habits‹. Ich mußte lachen. Er hatte sich bestimmt etwas dabei gedacht. Und siehe da: »An English man abroad behaves differently at home.« Dieser Satz war unterstrichen und mit einem Ausrufezeichen versehen. I got the message, keine Sorge, du alter Sack, dachte ich wütend. Bestimmt wird Alec mehr Vergnügen an seinem foreign wife haben als du an deiner ausgetrockneten Lady. Chauvinismus und Nationalstolz legen viele Männer ja nur aus Mangel an Potenz an den Tag. Das Aroma von Chinese Tea, Indian Tea oder Mixed Tea war mir völlig wurscht. Die Hauptsache: Das Aroma der Liebe stimmt im Bett.

Der Krieg war zu Ende. Die Truppen und ihre Familien wurden per Schiff nach Hause gebracht, nach England. Nach meiner Heirat gehörte ich nun dazu. Der Abtransport fand in Ägypten statt, im Hafen von Ismailia. Das Chaos im Lager war unbeschreiblich, da sich die Ankunft der Schiffe immer wieder verzögerte. Offiziere und ihre Ladies hatten normalerweise im Lager ein Zimmer für sich, während die Sergeanten und die Truppen ihre Baracken miteinander teilen mußten und ihren Frauen separate Räume zugewiesen wurden.

Aber die Situation änderte sich. Bei dem immer größer werdenden Andrang mußten sich bald auch die Offiziere von ihren Frauen trennen. So teilte ich ein Zimmer mit drei englischen Offiziersfrauen. Neugierig wurde ich beäugt: »Where do you come from? What are you?« – »I come from Palestine. I'm born in Germany.« – »In Germany?« Tiefe Blicke wurden gewechselt. Der Krieg war ja gerade erst vorbei. Ich nahm von den Reaktionen der Damen nicht weiter Notiz. Es war mir zu dumm, mich jetzt auch noch für meine Herkunft entschuldigen zu müssen.

Der Aufenthalt im Lager war langweilig. »Let's go to Cairo«, schlug mein Mann vor, »let's wait there until the ship arrives.« Eine wundervolle Idee. Wir rafften einige Sachen zusammen, ließen den Rest im Lager und fuhren nach Kairo. Kairo! Welch herrliche, aufregende Stadt! Wir stiegen in Shepheards Hotel ab. Nein, nicht im heutigen Shepheards, das am Nil liegt, sondern in dem alten, historischen, das am Place d'Opéra lag, das bei den Kämpfen, die zu König Faruks Abdankung führten, zerstört worden ist. Ich zitterte vor Entzücken. Hier war Queen Victoria abgestiegen, hier hatten die Gäste zur Eröffnung des Suezkanals gewohnt. Und vor allen Dingen – hier ging der berühmte Lawrence of Arabia während des Ersten Weltkrieges ein und aus. Hier spürte ich große Geschichte.

Aber eine neue, gefährliche Geschichte begann – wieder einmal. Die Araber des Mittleren Ostens hatten zu der Zeit, als wir im Shepheards wohnten, im Hotel ein Gipfeltreffen. Das Thema: die Lage der Araber in Palästina. Da kamen sie in ihren weiten, goldbestickten Dschellabas, wohnten in ihren prächtigen, fürstlichen Suiten des Shepheards, vor deren Türen finster blickende Wachen standen, die bis an die Zähne bewaffnet waren. Dolche blitzten, und die Gewehre waren immer schußbereit. Reiche Araber mit Fez saßen im Foyer des Hotels und

Lotte Huber

1 Malente/Schleswig-Holstein 1920: Familie Goldmann
von links Johanna, Lotti, Walter, Kurt, Robert

11 Lissa/Posen um 1910: Die Eltern Johanna und Robert Goldmann

111 Kiel 1932

IV

v Am Strand von Schilksee bei Kiel 1930

VII Jerusalem 1938

VIII *links* Kyrenia/Zypern 1955: Alec Kingaby, der erste Ehemann
rechts Kyrenia 1957: Norman Huber, der zweite Ehemann

IX Kyrenia 1956: Im Octopus

XI Kyrenia 1956: Norman und Lotti

xii Nizza 1960

XIII London 1962: Mit Norman vor dem Octopus

rauchten ihre Nargilehs, ihre Wasserpfeifen. Über dem Foyer breitete sich eine nachtblaue Kuppel aus, die mit Hunderten von silbern funkelnden Sternen besetzt war. Tausendundeine Nacht!

Oft speisten wir auf dem Dachgarten von Shepheards Hotel, aber auch in anderen Restaurants und verbrachten die Nachmittage im Gropi's, einer von Italienern geführten Luxuskonditorei. Nie wieder habe ich so wundervolle Eiscreme gegessen, so herrliches Konfekt genascht. Das Essen war sensationell, wo immer wir auch aßen. Französisch-arabische Küche – eine vollkommene Mischung. Goldbraun glänzende Datteln waren so groß, daß wir sie mit Messer und Gabel zerteilten. Lautlos wurden alle Köstlichkeiten von sudanesischen Kellnern serviert. In ihren langen, weißen Gewändern, mit den breiten, roten Schärpen um die Taille, den Fez auf dem edel geformten Kopf, bedienten sie die Gäste mit einer ihnen eigenen Würde, mit großer Aufmerksamkeit – aber nie untertänig.

Eines Tages, als wir über den Place d'Opéra bummelten, kam uns eine auffallend schöne Frau entgegen: Weißer, fließender Chiffon umhüllte ihre schlanke Figur, ein weißer Turban, glitzernde Brillanten an Fingern und Handgelenken. Diese tiefblauen Augen, der wunderschön geschwungene Mund kamen mir so merkwürdig bekannt vor. Die Frau blieb kurz vor uns stehen und rief: »Lotti, was machst du denn hier?« Es war Isabel!

Jetzt muß ich erst einmal von Isabel erzählen. Sie war eine deutsche Tänzerin mit den Qualitäten einer Ballerina. Im letzten Moment, bevor die Grenzen im Krieg geschlossen wurden, war sie aus dem Libanon nach Palästina gekommen. Der Besitzer des Casino in Haifa war entzückt und engagierte sie sofort. Sie wurde die große Attraktion des Programms. In ihren traumhaften Kleidern tanzte sie mit ihrem ungarischen Partner in einem Stil, den man damals »Adagio-Tanz« nannte. Es war der Stil, den Fred Astaire und Ginger Rogers berühmt gemacht hatten. Ihre Grazie und ihre Schönheit verzauberten die englischen Offiziere vollkommen. Isabel liebte meine Tanzparodien und lachte sich halbtot über meine Komik, während ich mir ihre Nummern niemals entgehen ließ und voller Bewunderung für ihre Darbietung war. Der englische Geheimdienst beobachtete die schöne Frau mißtrauisch. War sie vielleicht eine Spionin, eine Art Mata Hari? Möglich war das schon. Kurz und gut, es wurde nicht lange gefackelt. Höflich, aber bestimmt schob man sie nach Ägypten ab, wo die englischen Offiziere vor ihren verführerischen Reizen sicher waren.

Da stand sie also vor mir: Isabel. Schlecht ging es ihr offensichtlich nicht. Sie war die Geliebte eines der reichsten Männer Kairos geworden. George hatte Baumwollfelder und war der Besitzer des berühmtesten, mondänsten Cabarets in Kairo, des Doll's. Isabels ungarischen Partner hatte George großzügig mit einer Marmeladenfabrik abgefunden. Der Ungar saß nun zufrieden zwischen seinen Marmeladentöpfen und sie in einer weißen Luxusvilla. »Du mußt unbedingt bei uns tanzen«, rief Isabel, »es wird sensationell werden. Die Saison beginnt gerade.«

Es war September 1945. »Komm, wir gehen ins Büro zu George.« – »Aber ich, die Frau eines englischen Offiziers – das geht doch nicht«, zögerte ich. »Nonsens«, unterbrach mich mein unternehmungslustiger Mann. Seine Augen funkelten vor Vergnügen. »Du hast doch deine Kostüme und die Musik in einem Koffer in Ismailia. Ich fahre sofort hin und hole sie.«

George war ein sehr eleganter, auf mich sehr pariserisch wirkender Mann und sprach fließend englisch und französisch. »Aber, Madame, man darf hier nicht wissen, daß Sie Jüdin sind und dazu noch aus Palästina. Sie werden schon bemerkt haben, was sich hier tut. Moment mal«, er griff zu einer dicken Mappe mit Angeboten von Cabaret-Künstlern aus aller Welt, viele aus Paris. »Ja, da haben wir es! Wir werden sie als ›Yvette de Marnier, La Grande Vedette de Paris‹ ankündigen.« Und so geschah es.

Ich bekam eine Stargage. Dennoch ließ George mir die Freiheit, mein Engagement jederzeit abzubrechen, falls wir plötzlich nach Ismailia zurückfahren mußten. Die Band des Cabarets bestand aus Italienern. Es waren ausgezeichnete Musiker, die sich köstlich über meine Toscanini-Parodie amüsierten. Der Tag der Premiere kam. Das Doll's war zum Bersten voll. Dichtgedrängt saßen Amerikaner, Engländer und reiche Araber mit ihren Damen an den Tischen. Der Champagner floß in Strömen. Meine Nummer bildete den Abschluß des Programms und war ein »succès fou«. George ließ mir einen großen Korb voll langstieliger Rosen reichen. Selig wollte ich die Rosen ins Publikum werfen, aber ach: Die duftenden Blüten waren mit Draht befestigt und wurden am nächsten Tag zurück ins Blumengeschäft geschickt.

Es war eine herrliche Zeit. Alec und ich hatten viel Geld, und wir konnten unser elegantes Hotel mit Leichtigkeit bezahlen. Wir machten wunderbare Shopping-Ausflüge, kauften Ledertaschen, Brokate und andere Geschenke, die wir unseren Verwandten im ausgepowerten England mitbringen wollten.

Eines Nachmittags saßen wir wieder im Foyer vom Shepheards, mein Mann in Uniform. Da kam ein britischer Leutnant an unseren Tisch, salutierte meinem Mann schneidig und wandte sich dann mir zu: »Madam, you are a wonderful artist. I have seen your show. I enjoyed it so much, thank you.« Ich reagierte blitzschnell. Auf keinen Fall durfte in der Offiziersmesse in Kairo verbreitet werden, daß die Frau eines britischen Majors eine Programm-Attraktion im Doll's war. »Sie müssen sich irren«, sagte ich freundlich, »das ist Major Kingaby, mein Mann.« – »Sir!« Wieder salutierte der erschrockene junge Leutnant. »Madam, I am so sorry.« Er drehte sich auf dem Absatz um und verschwand in Windeseile. Ich hätte gerne gewußt, ob er wirklich glaubte, daß er sich geirrt hatte.

Eines Abends kam König Faruk mit seiner Entourage ins Doll's. Große Aufregung. Besonders Laila, die, wie man mir versicherte, die beste Bauchtänzerin Ägyptens war, flatterte in der Garderobe aufgeregt hin und her. König Faruk liebte es, seine brennende Zigarette im Bauchnabel einer Tänzerin auszudrücken. Dann pflegte er ihr ein großzügiges Schmerzensgeld in Form eines mit Goldmünzen gefüllten Säckchens zuzuwerfen.

Nach meiner Toscanini-Parodie kam der Manager in die Garderobe: »König Faruk möchte Sie gerne kennenlernen.« O Gott, würde ich mit meinem damals armseligen Französisch bluffen können? Als ich mit zitternden Knien aus der Garderobe trat, hatte König Faruk das Lokal schon verlassen. Wahrscheinlich gab es an diesem Abend wichtigere Dinge für ihn, als sich mit einer französischen Vedette zu unterhalten. Wie erleichtert ich war, kann man sich vorstellen.

Am Place d'Opéra stand eine Alhambra, ein Riesenschuppen, würde man heute sagen, in dem von morgens bis abends ein Non-stop-Programm stattfand. Er hieß »Madame Badia's«. Hauptsächlich waren es üppige, mit Gold und Flitter behangene Bauchtänzerinnen – einige jünger, einige älter. Die Augen der Scheichs, die aus der Wüste gekommen waren, quollen über. Aber es gab auch aus dem Krieg hängengebliebene Europäerinnen, Deutsche, Österreicherinnen, Ungarinnen, die den erstaunten Scheichs Wiener Walzer, ungarischen Csárdás und ihre verblühten Reize vorführten.

Goldmünzen flogen auf die Bühne, wurden dankbar aufgefangen und in Brust- und Bauchtäschchen verstaut. Die Scheichs in ihren reichbestickten Dschellabas saßen unten in dem großen, geräumigen Saal auf langen Holzbänken und rauchten ihre Wasserpfeifen. Oben, auf der Galerie, gab es Chambres séparées – à la Paris des 19. Jahrhunderts. Rote Samtvorhänge konnten vor die Loge gezogen werden, um sich vor indiskreten Blicken zu schützen. Zur Loge gehörte ein kleiner Aufenthaltsraum, ebenfalls mit rotem Samt ausgeschlagen, und eine Couch lud zu Liebesspielen ein. Champagnerzwang, natürlich.

Da meine Auftritte im Doll's erst um elf Uhr begannen, beschlossen wir, uns vorher im Madame Badia's das Programm anzusehen. Wir kletterten die gewundenen Treppen hinauf und wurden von einem Kellner in ein Separée gedienert. Er brachte Champagner und warf mir einen verhaltenen, unfreundlichen Blick zu. Taxifahrer, Verkäufer oder Kellner hielten mich in Kairo immer für eine Araberin. Eine Araberin, die sich an die damals so unbeliebten Engländer verkaufte – also eine besonders miese Hure. Einmal drehte sich während einer Taxifahrt der Fahrer nach mir um und ließ einen wilden arabischen Redeschwall auf mich los. Ich bin sicher, er beschimpfte mich als schamlose Nutte. Mein Mann amüsierte sich köstlich, aber ich fand das gar nicht so komisch.

Das Programm lief: Bauchtanz, Wiener Walzer, Bauchtanz, Csárdás – und immer wieder Bauchtanz. Teilweise recht gute Bauchtänze, teilweise ein pathetisches Gehopse der mit Tüllröckchen bekleideten »Spätlese« aus Europa. Als ich den herrlichen Film ›Alexis Sorbas‹ sah, erinnerte mich die Darstellung der abgetakelten Tänzerin Bouboulina an diese armen Geschöpfe. »Komm«, sagte Alec, »laß uns unseren eigenen Bauchtanz machen. Wozu ist denn diese schöne Couch da?« Es war himmlisch, mal etwas anderes ...

Aber ich habe noch gar nicht erzählt, wer Madame Badia war. Madame war eine Ägypterin von unglaublicher Körperfülle. Ihren üppigen Busen zierte eine riesige Brillantbrosche, mit deren Nadel sie sich ab und zu in ihren Zähnen herumstocherte. Ihrer Aufmerksamkeit entging nichts. Zwischen grellrot geschminkten Lippen hing eine Zigarette. Ihre tiefrot bemalten, langen Fingernägel erinnerten an die Krallen eines Raubvogels. In ihrem glitzernden Walla-walla-Gewand schwebte sie unentwegt in der Alhambra umher, begrüßte ihre Stammgäste mit einem zuckersüßen Lächeln – golden blitzten ihre Zähne. Pausenlos scheuchte sie ihre Kellner herum und beobachtete die Vorgänge auf der Bühne mit Argusaugen. Die Tänzerinnen durften keine Müdigkeit vorschützen, es wurde getanzt, getanzt, getanzt. Später hörte ich, daß Madame Badia nach der Abdankung Faruks fluchtartig das Land verlassen hatte, um ihre Aktivitäten in den damals so reichen und luxuriösen Libanon zu verlegen. Angeblich jagte sie die ägyptische Regierung wegen Steuerhinterziehung.

Tagsüber hatten wir viel Zeit und nutzten sie gut. Wir besuchten – natürlich – die Pyramiden und das herrliche Museum von Kairo. Ich war wie im Rausch. Ägyptens große Vergangenheit blickte in seiner atemberaubenden Schönheit auf uns herab. Unwillkürlich sprach ich im Museum im Flüsterton.

Die Zeit unserer Rückkehr nach Ismailia rückte näher. Aber vorher wollten wir uns unbedingt noch im Menah-House erholen. Dieses hochelegante Hotel liegt direkt gegenüber den Pyramiden. Der einzigartige Rosengarten sandte einen betäubenden Duft durch die offenen Fenster in unser Zimmer. Das Dinner wurde am erleuchteten Swimmingpool serviert. Engländerinnen in Abendkleidern mit ihren eleganten Begleitern tranken an der Bar ihre Dry Martinis. Es war eine Szene, die ich später in dem Film ›Murder on the Nile‹ wiederzuerkennen glaubte. Zurückgekehrt nach Ismailia, wurden wir neugierig begrüßt: »Wo wart ihr denn, was habt ihr die ganze Zeit gemacht?« – »Ach, ein bißchen durch Kairo gebummelt – die Pyramiden besucht, das Museum – das Übliche.«

Die Heimreise auf dem Truppenschiff war gräßlich. Wieder wurden uns, wegen der Überfüllung, getrennte Kabinen zugewiesen. Diemal teilte ich meine Kabine mit drei sehr netten Offiziersfrauen. Eine von ihnen hatte ihre dreijährigen Zwillinge bei sich, zwei kleine Jungen, die während der ganzen Überfahrt aus vollem Halse brüllten. Sie hatten in Alexandria eine ägyptische Nanny, eine Kinderfrau, gehabt und vermißten sie nun. Ihre Mutter schienen sie kaum zu kennen. So fühlten sie sich verlassen und bedroht. Ihr Geschrei war wirklich nervenzerreißend. Dabei sahen die kleinen Biester wie Engel aus: große blaue Augen, blonde Locken, einfach süß! Wenn ich nachrechne: Jetzt müßten die beiden etwa 45 sein.

London nach dem Krieg. Grau! Nicht nur der Nebel, nicht nur der Regen, grau auch der Alltag. Es gab immer noch Lebensmittel auf Marken, Zigaretten waren rationiert. Die Menschen sahen müde und erschöpft aus. Zerbombte Häuser, Wohnungen, die in dem bitterkalten Winter, in dem wir ankamen, nur mit kleinen Gasöfchen ausgestattet waren.

Zunächst wohnten wir zur Untermiete bei der Witwe eines Captains zur See. Jedesmal verdrehte sie die Augen, wenn sie Alec sah, und bedachte mich mit giftigen Blicken. Öfter sind mir solche unfreundlichen Haltungen begegnet. Es gab so viele Kriegswitwen – warum mußten diese Männer sich ausländische Frauen mitbringen? Und in meinem Fall noch eine deutschen Ursprungs! Zwar hatte ich Verständnis für die Witwe, aber es war trotzdem sehr irritierend.

Von einem Foto, das auf dem Schreibtisch stand, starrten mich die blauen Augen des untergegangenen Captains an – vorwurfsvoll, wie mir schien. Ach, es war schrecklich, deprimierend. Und wenn's doch nur nicht so kalt gewesen wäre! Manchmal vergaßen wir, Kleingeld mit nach Hause zu nehmen, und hatten dann keine Shillinge, um sie in das Gasöfchen zu stecken. Eng aneinandergedrückt lagen wir im Bett, um uns zu wärmen. O goldene Sonne, o glitzerndes blaues Mittelmeer – what a change!

Wir verließen die Witwe und zogen in eine Pension. Hier gab es immer noch ein »Kriegsfrühstück«: getrocknete Pflaumen in einer undefinierbaren Sauce, Tee, dünnen, chemisch-schmekkenden Orangensaft und scrambled eggs, Rühreier aus Eipulver, und meist verbrannten Toast dazu. Aber es war nicht richtig zu murren. Wieviele Engländer hatten während des ganzen Krieges so leben müssen!

Und sie waren mir alle so sympathisch – außer meiner Schwiegermutter! Ich liebe den englischen Humor, die ganzen Idiosynkrasien der Briten, ihren komischen Hochmut Fremden gegenüber. Ich fand das alles sehr unterhaltsam. Ich liebe Shakespeare – aber meine Schwiegermutter liebte ich nicht. Selbst unsere Essensmarken, die wir ihr zum größten Teil überließen, konnten sie nicht mit ihrer ausländischen Schwiegertochter versöhnen. Ich muß schon sagen, sie nervte mich. Aber ich ließ ihre Gifttiraden über mich ergehen – Alecs wegen.

Mein Mann hatte vor dem Krieg eine Generalvertretung für Spielzeuge gehabt. In diesen Job aber wollte er nicht zurück. So schaute er sich um und entdeckte eine Marktlücke. Er fand heraus, daß viele ausgebombte Bürohäuser von den großen Baufirmen völlig unbeachtet liegengelassen wurden. Meistens gehörten sie zur Erbmasse verstorbener alter Damen und deren reicher Erben, die die Gebäude irgendwelchen Verwaltern überließen. Alec stieg in das Immobiliengeschäft ein. Es gelang ihm, einen 99-Jahre-Mietvertrag für eines dieser Gebäude in der Nähe von Covent Garden abzuschließen. Damals waren solche Verträge in England üblich. Die Miete für das völlig heruntergekommene Gebäude war lächerlich niedrig. Das Haus stand ganz in der Nähe der Oper. Alec holte sich Schwarzarbeiter von der Straße, meist Italiener und Spanier, die auf dem Gemüsemarkt aushalfen. Sie malten, reparierten, installierten hervorragend – und sangen ihre spanischen und italienischen Lieder. Ich war glücklich und fühlte mich fast wieder wie im Süden.

Bald waren acht Büroräume des Gebäudes zum Einzug fertig. Im obersten Stockwerk hausten wir: primitiv, aber gemütlich. Ich fand es ausgesprochen romantisch. Das Waschbecken befand sich draußen auf dem Flur, und jeden Sonnabend wurde in der naheliegenden öffentlichen Badeanstalt gebadet.

Unser Geschäft blühte. Alec hätte die Tour noch ein paarmal wiederholen können, und wir wären reich geworden. Aber er wollte es nicht und ich auch nicht. Es zog uns fort, fort von dem grauen Klima, dem ewigen Regen, den Lebensmittelkarten. Das blaue Mittelmeer, das ganze wilde, bunte Leben in Palästina hatten uns untauglich gemacht für das graue Nachkriegsengland.

Wie blind bin ich damals London gegenüber gewesen, dieser aufregenden Stadt! Blind allem gegenüber, was sie zu bieten hatte an Theatern, an Kunst, herrlichen Parks und Architektur. Nichts nahm ich wahr, so besessen war ich von dem Wunsch: Weg, nur weg! Aber nach Palästina gab es kein Zurück. Nachdem die Engländer sich von Palästina zurückgezogen hatten, kam es zu offenen Auseinandersetzungen zwischen Arabern und Juden. Da konnte man keine romantischen Rückkehrer, die sich nach dem alten Status sehnten, gebrauchen. Also, was tun? »Da gibt es doch, da gibt es doch ...« Alec fuhr mit seinem Zeigefinger über die Landkarte – natürlich! Das war die Lösung: Cyprus. Zypern, eine englische Kolonie. Good old Empire! Um die eine Ecke rum lag Palästina und direkt gegenüber die Türkei. »Da fahren wir hin«, rief Alec. »Aber was werden wir dort machen?« – »Das weiß ich noch nicht, erst einmal hinfahren.« Wir verkauften unseren Mietvertrag von 99 Jahren an eine dänische Import-Export-Firma. Also hatten wir genug Geld, um uns wieder in Bewegung zu setzen. Bye-bye London, bye-bye böse Schwiegermutter.

In Marseille bestiegen wir das Schiff, das uns nach Zypern bringen sollte. Trunken vor Glück blickte ich auf das blaue, in der Sonne silbrig glitzernde Meer. »Ach«, sagte ich zu einer neben mir an der Reling stehenden dürren, altjüngferlich aussehenden Engländerin, »wir fahren jetzt zu der Insel, wo Aphrodite, die Schaumgeborene, an Land gestiegen ist.« – »Aphrodite?« sagte die Dürre und verzog den Mund. »Aphrodite, indeed! Born out of the lust of men – gezeugt aus der Lust der Männer.« Später sah ich die prüde Unschöne auf dem Markt in Nikosia wieder. Ein großer Strohhut beschattete ihre ausgetrockneten Züge. Wie ich erfuhr, war sie die Schwester vom Direktor des Forest Department und nach Zypern gekommen, um dem Witwer den Haushalt zu führen. Ich konnte mir vorstellen, wie sie den Haushalt ihres Bruders mit Zucht und Ordnung führte, ohne jedes Verständnis für die Verspieltheit und das heitere Gemüt ihrer zypriotischen Angestellten.

Zypern, diese paradiesische Insel, hat eine bewegte Geschichte. Aufgrund von Eroberungen hat es durch die Jahrhunderte ständig Identitätskrisen durchmachen müssen. Jeder war einmal dagewesen, hatte die Bevölkerung beherrscht, unterdrückt, sich mit ihr vermischt: Ägypter, Römer, Griechen, Türken, und jetzt waren die Engländer die Herren der Insel.

Wie glücklich bin ich auf Zypern gewesen, und wie liebe ich diese Insel heute noch! Aber seit der Teilung bin ich nie wieder dort gewesen. Ich kann die Zerrissenheit nicht ertragen. Es bricht mir das Herz, ich will es nicht sehen.

Mit dem Einzug der Briten auf die Insel wurde sie ein Geheimtip für die englische Aristokratie, für reiche Engländer, für Ex-Indian-Army-Generäle und ihre Ladies. Zypern war einfach ideal als Ruhesitz in der Sonne. Villen wurden gebaut, wunderschöne Landsitze für 'n Appel und 'n Ei – oder besser, im Landeskolorit ausgedrückt: für eine Handvoll Oliven.

Aber so ausbeuterisch wie die reichen Griechen und Türken benahmen sich die Engländer ihren Angestellten gegenüber nicht. Die wohlhabenden Griechen wandten einen Trick an, um ihr Hauspersonal billig zu beziehen: Sie »adoptierten« junge Mädchen aus den umliegenden Dörfern, die sie dann ihre »Haustöchter« nannten. Diese naiven Dinger mußten putzen, kochen, waschen – zum Nulltarif.

Bei den Engländern ging es da viel besser zu. Sie überließen den Einkauf und die Haushaltsführung ihren einheimischen Butlern und Hausangestellten, die sich dann bei der Abrechnung schadlos hielten, um ihr geringes Gehalt aufzubessern. Mancher zypriotische Butler baute sich von seinen Ersparnissen ein Haus. Ich habe mich immer köstlich darüber amüsiert und fand das auch ganz in Ordnung. Im großen und ganzen bestand zwischen den Engländern und der Bevölkerung ein gutes Verhältnis. Die Griechen übersahen geflissentlich das manchmal hochmütige, anmaßende Benehmen der Kolonialherren. Schließlich hatten sie ihre eigene Kulturgeschichte und Tradition, auf die sie stolz waren. Man ging höflich miteinander um, oft herzlich. Häufig wurden sogar Ehen zwischen Töchtern reicher Griechen und Türken mit nicht so betuchten Engländern geschlossen. Einige der Zypriotinnen schnappten sich sogar einen Lady-Titel. Sie fühlten sich dann ihren eigenen Landsleuten gegenüber haushoch überlegen, blickten auf sie herab und sprachen englisch mit »frisierter Schnauze«, wie der Berliner so schön sagt. Das wirkte auf mich immer sehr lächerlich.

Es kam auch vor, daß reiche Engländerinnen sich schöne, junge zypriotische Liebhaber zulegten und sie sogar manchmal heirateten. Da gab es zum Beispiel eine Lady, die einen leichten Dachschaden hatte. Ihre Angehörigen waren froh, daß sie in Zypern lebte, schön weit weg. Sie arbeitete ehrenhalber im Museum und verliebte sich in einen einfachen Griechen aus ärmlichen Verhältnissen, der im Museum als Hilfsarbeiter beschäftigt war. Da ihre Familie nichts dagegen hatte, daß sie ihn heiratete, wurde er auf Kosten seiner neuen, reichen Verwandtschaft zum Studium der Archäologie nach London und Wien geschickt. Akademisch geschult, wurde er dann gesellschaftsfähig.

Aber ohne eine Gegenleistung kam er nicht davon. Die Lady hatte, wie das manchmal bei Leuten ihres Zustandes der Fall ist, sehr starke sexuelle Bedürfnisse. Er mußte ran, Tag und Nacht. Bleich und erschöpft wankte er neben ihr durch das Dorf, was Julia, eine Wohnungsvermittlerin, die sämtlichen Klatsch von Kyrenia kannte, zu der Bemerkung hinriß: »Madame Lotti, fuck, fuck all the time. Is there nothing else to do?« Und dabei guckte sie mich aus ihren großen, schwarzen Augen völlig ratlos an.

Alec und ich verbrachten sehr glückliche Jahre auf Zypern. Aber zunächst standen wir im Februar 1948 mit unseren Siebensachen am Kai von Limassol. Ein Geschrei! Ein Chaos! Türkisch, griechisch, arabisch drangen an unser Ohr, und die Sonne brannte auf uns nieder. »Taxi, Taxi! Do you want a Taxi?« Unser Fahrer war ein griechischer Zypriot. »Wohin, nach Nikosia?« – »Ja, nach Nikosia. Wo können wir absteigen?« – »Im Palace Hotel, very good.«

Das Palace Hotel lag direkt am Metaxas Square, dem großen Marktplatz von Nikosia. Es war ein mittelgroßes Hotel, einfach, aber freundlich. Damals betrachteten es die Zyprioten als Luxushotel. Die sanitären Anlagen waren noch sehr primitiv: Es gab Plumpsklos, und im Bad kam manchmal aus dem Warmwasserhahn kaltes und aus dem Kaltwasserhahn warmes Wasser. Den pirasi – zu deutsch: macht nichts. Es war gemütlich. Am ersten Abend wurden wir gleich zur Verlobungsfeier eines englischen Paares eingeladen und schwankten am frühen Morgen stinkbesoffen in unser Zimmer.

Das Hotel gehörte einem alten Griechen, der in seiner Jugend Tanzlehrer gewesen war. Er hatte den Kindern aus wohlhabendem Hause das Tanzen beigebracht – »doing the lambers walk, oi« und so weiter. Dann hatte er das Hotel gebaut, das er übertriebenerweise Palace Hotel nannte.

Das Essen war reichlich, schwamm aber in Öl, was mir prompt eine scheußliche Magenverstimmung einbrachte. Aber viel Brandy und Wein spülten das Übel schnell hinweg. Wir konnten uns der freundlichen Einladungen der Zyprioten nicht erwehren: »Kommt doch in meinen Klub heute abend!« Rund um die Uhr war ich trunken von Sonne und Wein.

»Was wollt ihr hier machen?« fragte uns Jimmy, der junge Manager des Hotels, der von Anfang an um uns herumstrich. Jimmy war ein gutaussehender junger Grieche, um die dreißig, Herzensbrecher und Belami. Keine Stewardeß, die im Hotel abstieg, konnte ihm widerstehen.

Tja, was wir machen wollten, wußten wir selber nicht. »Macht doch ein Hotel auf, und ich werde euer Manager«, schlug Jimmy vor. »Ich kenne mich doch hier gut aus. Habt ihr Geld?« Jimmy wollte sich verändern. Er wollte fort von dem alten Mann im Palace Hotel, der wie scheintot herumschlurfte und in seiner tyrannischen Dickköpfigkeit an altmodischen Dingen festhielt. Daher die Plumpsklos.

Alec war begeistert von Jimmys Vorschlag: »Aber ... wir haben doch keine Ahnung«, wandte ich ein. »Nonsens, wer braucht denn Ahnung? So wie die hier können wir das auch!« Offensichtlich war mein Mann von dem Überheblichkeitsvirus, der die Engländer auf dieser Insel hier und da befiel, bereits infiziert. Andererseits hatte er recht. Also stürzten wir uns in das Abenteuer. Jimmy fand für unsere nicht allzu volle Kasse ein entsprechendes Haus. Es war ein witziger, viereckiger Kasten, knallrot angemalt, mit 18 Zimmern und einem wunderschönen, wildwachsenden Garten. Als wir das Haus übernahmen, war es eine Absteige, ein heimlicher Treff für reiche Griechen. Dort hatten sie ihre außerehelichen Rendezvous. Waren die wütend, als sich das Etablissement unter unseren Händen in eine ganz normale Hotel-Pension verwandelte! »Un petit coucher, un petit manger, un petit boire – ça fait cinq livres« war die Parole des ehemaligen Besitzers gewesen. Ein Pfund war damals zwanzig deutsche Mark wert: Mr. Margolis berechnete also hundert Mark für dieses galante Vergnügen.

Er war ein gebürtiger Jugoslawe, ein amüsanter Typ, ehemaliger Zirkusartist. Seine Frau war klein und kugelrund, mit langen, pechschwarzen Haaren, die ihr bis zum Po herunterhingen. Sie hatten neun Kinder. Die standen nun da wie die Orgelpfeifen, bohrten sich in der Nase und beäugten uns. Nach einem lautstarken Palaver in Griechisch erreichte Jimmy einen akzeptablen Preis, und wir zogen ein.

Aber wie sollte es heißen? In Gedanken an das Restaurant Astoria in Haifa schlug ich Astoria Hotel vor. Und so wurde es genannt. Alec und ich gingen zu einem griechischen Rechtsanwalt, der später ein guter Freund werden sollte. Die Firma wurde eingetragen, und mein Mann machte mich zum gleichwertigen Partner: fifty fifty. Das sollte sich später als sehr nützlich erweisen. Nun waren Mr. und Mrs. Kingaby stolze Besitzer eines Hotels in Nikosia auf Zypern.

Es wurde gehämmert und gemalt. Dieses scheußliche Rot! Wir strichen unser Haus schneeweiß und die Fensterläden olivfarben. Die Küche wurde zum Teil vergrößert und modernisiert, neue Betten und Schränke wurden angeschafft. Jimmy holte all seine Kameraden aus »seinem« Dorf dazu. Die ersten Gäste kamen. Neugierige englische Regierungsbeamte mit ihren Frauen saßen in der Bar, guckten sich verstohlen um. Es wurde nicht gerne gesehen und war auch nicht populär, daß englische Zivilisten auf die Insel kamen, um sich in das Geschäftsleben einzumischen. Man war Regierungsbeamter oder »Lady This« oder »Lord That« und hielt vornehm Abstand zum Rest der Bevölkerung. Aber man langweilte sich auch. Und ein Paar wie Alec und Lotti Kingaby lieferte ihnen wieder neuen Gesprächsstoff. Zu ihren Cocktailpartys aber wurden wir vorläufig nicht eingeladen.

Unsere Küche entsprach dem englischen Geschmack: Kein in Öl schwimmendes Fleisch, knackiges Gemüse und gut abgehangene Steaks à l'Anglaise machten das Astoria schnell beliebt. Die Küche wurde von meiner Mutter überwacht, die nach dem Tode meines Vaters und der Proklamierung des Staates Israel am 15. Mai 1948 zu uns kam. Sie übernahm und kontrollierte den gesamten Einkauf, was unserem griechischen Koch überhaupt nicht gefiel. Empört verließ er das Astoria, weil er sich von einer Frau nichts sagen lassen wollte. Der wahre Grund war, daß er den Einkauf aus der Hand geben mußte und sich keinen Nebenverdienst verschaffen konnte. Wir stellten dann Frauen ein, mit denen wir gut auskamen. Die Attraktion des Hotels war die Bar. Alec war ein blendender Unterhalter und ich auch nicht schlecht. Ich wurde eine erfahrene Mixerin. Sieben Brandy Sour zu schütteln und die Gläser so zu füllen, daß im Mixer kein Tropfen übrigblieb, war für mich ein Klacks.

Der Airport in Nikosia wurde ausgebaut und eine neue Fluglinie eröffnet, die Cyprus Airways. Die ganze englische Crew wohnte in unserem Hotel, bis sie Privatquartiere fand. Das war eine tolle Zeit. Die Frauen der Piloten waren lustig, schön und trinkfest. Captain P., ein gebürtiger Ire, um die fünfzig herum und der Chef des Ganzen, war – wie soll ich sagen – ein richtiger Haudegen. Im Krieg, so erzählte man mir, hatte er den Deutschen übel zugesetzt und manches Kampfflugzeug heruntergeholt. Er war ein brillanter Flieger. Stolz erzählte er, wie oft er ohne Landebahn und ohne Fluglotsen gelandet war. »Pah«, verächtlich verzog er den Mund, »heute ist es doch nur noch ein Kinderspiel.« Seine Angestellten fürchteten und bewunderten ihn zugleich. Seine Frau, die er liebevoll »Chubby« nannte, Pummelchen, war auch eine berühmte Pilotin gewesen. Sie war gebürtige Australierin und hatte nach dem Ersten Weltkrieg in einer einmotorigen Maschine den Atlantik überflogen.

Jetzt saß sie in der Bar, ebenfalls Mitte Fünfzig, abgetakelt und ständig besoffen. Aber ihr Mann liebte sie. Die beiden Verrückten verstanden sich, besonders beim Trinken. Im Suff kam bei Johnny, so hieß der Captain, immer ein gewisses Ressentiment gegen die Engländer auf – er war eben Ire. Lautstark, zwischendurch rülpsend, beschimpfte er sie als »bloody bastards.« Aber die Engländer nahmen es mit stoischer Ruhe auf. Eines Tages saß unser griechischer Anwalt, der ständiger Gast war, mit einem Freund in einer Ecke der Bar und trank Whisky. Auch Johnny und Chubby waren anwesend, beide stinkbesoffen, er aber offensichtlich in Gönnerlaune. Er wandte sich zu unserem Anwalt: »Have a drink, won't you join us?« Worauf Chubby, voll bis zum Rand, weinerlich plärrte: »I don't like Greeks. Warum mußt du diese verdammten Griechen einladen, wo du doch weißt, daß ich sie nicht mag!«

Schreckenspause. Alles verstummte. Langsam stand der Rechtsanwalt auf und verlangte von unserem Barmann eine Flasche Whisky, öffnete sie und goß den gesamten Inhalt vor die Füße des Captains. »Have a drink on me, Sir«, sagte er voll beißender Ironie und verließ hocherhobenen Hauptes die Bar. Schwankend, mit geballten Fäusten, lief Captain P. dem Anwalt hinterher, aber Alec gelang es, ihn aufzuhalten. Ich versuchte, die zeternde Chubby zu beruhigen, die wieder lautstark erklärte: »I don't like Greeks.« Und dann fügte sie hinzu, offensichtlich durch meine Beruhigungsversuche irritiert: »And I don't like the bloody Jews either!« Sprachlos starrte ich sie an. Dann lachte ich schallend los und rief den geschockten Gästen zu: »Come on, diese Runde is on me.«

Am nächsten Morgen waren Captain P. und seine Frau Chubby völlig zerknirscht: »Schon gut, schon gut – have a drink.« Ja, ein Hotel zu führen und hinter der Bar zu stehen kommt einer diplomatischen Mission gleich. Wenn ich immer alles tierisch ernst genommen hätte, wäre ich bald in einer »splendid isolation« gelandet. Wie ich hörte, sind Johnny und Chubby schon vor Jahren gestorben. Sie waren wunderbare, nervende, liebenswerte, verrückte, unvergeßliche Gäste des Hotel Astoria. Wo immer ihre Seelen jetzt herumschwirren – God bless them!

Mein Mann hatte ein leidenschaftliches Hobby: digging, Ausgrabungen. Die Insel war voller Schätze, die seit Hunderten von Jahren tief in der Erde ruhten. Die Griechen, die Römer, die Ägypter, alle Eroberer hatten ihre »Souvenirs« hinterlassen. Und wo man die Grundmauern eines Hauses errichtete oder auf dem Feld die Erde pflügte, stieß man auf Schmuck, Amphoren, herrliche Töpfe, Vasen, Skulpturen und andere Kostbarkeiten. Nikosia hatte ein wundervolles, kleines Museum. Angeschlossen an dieses Museum war eine Werkstatt, geleitet von einem genialen Mann: Mr. Chrisostomos. Die Direktoren des Museums waren ein Engländer und ein Grieche, beide akademisch geschult, der eine in London, der andere in Paris. Aber der wirkliche Experte, der wahre Könner, an den sich beide im Zweifelsfalle immer wieder wandten und dessen Expertise den Ausschlag gab, war Mr. Chrisostomos.

Als armer Junge von zwölf Jahren war er aus einem der Dörfer nach Nikosia gekommen und hatte Arbeit im städtischen Museum gefunden. Damals wusch er die mit Erde verkrusteten Scherben, die dann zu Vasen und anderen antiken Schätzen zusammengesetzt wurden. Er war einmalig. Ihn bei der Arbeit zu beobachten war wirklich ein Erlebnis. Da standen große Gefäße im Raum – unvollendet. Sie bestanden nur zum Teil aus echten Scherben und waren mit Plastikstücken rekonstruiert. Wenn neu gefundene Scherben im Museum ankamen, wurden die Plastikstücke durch die echten ersetzt. Aber welch ein Puzzle! Welche Scherbe gehörte zu welcher Vase? Für Mr. Chrisostomos war das kein Problem. Nachdenklich betrachtete er die unvollendeten Gefäße, ging auf eines zu und setzte – schwups – die Scherbe ein. Sie paßten immer. Und so näherten sich die Kostbarkeiten langsam ihrer Vollendung. Er war ein Künstler, dieser Mr. Chrisostomos.

Nicht selten wurden ihm Fälschungen zum Kauf angeboten, manchmal gar keine schlechten. Ein durchdringender Blick von Mr. Chrisostomos auf das Objekt, ein verächtliches »Pf!«, und der Betrüger wurde hinauskomplimentiert. »Fälschen kann ich selber«, schmunzelte er. Und das konnte er so gut, daß selbst die Direktoren auf seine Fälschungskunststücke hereinfielen. In einer selbstgemixten, nur ihm bekannten Lauge wurden Schmuckstücke hauchdünn mit Grünspan überzogen und auf antik getrimmt. Er war ein Meister darin. Aber er machte dies nur zum Spaß. Seine Integrität stand außer Frage.

Mein Mann war fasziniert vom digging und von Mr. Chrisostomos' Arbeit. Wir waren gerngesehene Gäste in seiner Werkstatt. Eines Tages schlug er meinem Mann einen Deal vor:

Alec sollte das Gerücht unter der Bevölkerung verbreiten, daß er Ausgrabungsstücke schwarz aufkaufe. Das Museum hatte Schwierigkeiten mit den Schäfern und Landarbeitern, die die Objekte, die sie im Feld fanden, lieber schwarz auf dem Markt verkauften, als dem Museum zum Nulltarif oder für ein paar lächerliche Piaster zu überlassen. Alec sollte also den Wilderern, wenn man sie so nennen kann, einen guten Preis zahlen und die erworbenen Stücke dem Museum überlassen. Das Geld wurde ihm zurückerstattet.

Das war ein Heidenspaß. Wie in der Oper ›Carmen‹ erschienen die Schmuggler mit Säcken über der Schulter an der Hintertür des Hotels. Mitunter waren ganz wichtige Stücke dabei, wie Mr. Chrisostomos versicherte. Einmal war ich von einer kleinen Skulptur, etwa handgroß und aus Stein, fasziniert. Sie stellte ein Pferd dar, offensichtlich ein Pferd, auf dem ein Mann saß. Blinzelte er in die Sonne? Das Grandiose war, daß er eigentlich kein Gesicht hatte: keine Augen, keine Nase, keinen Mund. Nur ein paar eingeritzte Striche vermittelten den Eindruck eines Gesichtes. Aber ich hätte schwören können, daß er in die heiße Mittagssonne blinzelte. »Oh«, rief ich, »ich muß ihn haben, diesen Reiter. Bitte schenk ihn mir!« – »Erst wenn Mr. Chrisostomos ihn begutachtet hat«, antwortete mir Alec. Mr. Chrisostomos kam, war hell begeistert und entzückt. Es handelte sich um ein ganz seltenes, überaus wertvolles Stück, Tausende von Jahren alt. Der Reiter wanderte ins Museum.

Alec wurde immer mehr von der Ausgrabungswut infiziert. In der Nähe von Nikosia gab es einen kleinen Ort, Kafizi, in dessen Nähe ein Hügel lag, angeblich voll antiker Schätze. »Den übernehme ich«, erklärte Alec. Er rekrutierte Hotelgäste und begeisterte sie für diese Dreckarbeit. Auf ging's nach Kafizi. Die gefundenen Stücke wurden gewaschen, sortiert und säuberlich auf die Betten der Hotelzimmer verteilt. Rief dann der Airport wegen Zimmern an, hörte ich Alec sagen: »Es tut mir leid, wir sind ausgebucht.« – »Aber Alec, da sind doch ...« – »Nein, Lotti, wir sind voll.« Voll mit Scherben, Ausgrabungsfunden aus Kafizi! Zu viel Geld sind wir in diesem Hotel nicht gekommen. Aber das Leben war schön, voller spannender Geschichten.

Jimmy, unser griechischer Partner, war ein ganz großer Herzensbrecher, ein Frauenheld. Er war sehr attraktiv, und seine Verführungskünste waren einmalig – das mußte ich zugeben. Aber manchmal führten sie zu schwierigen Situationen. Hysterische Stewardessen behaupteten, von ihm geschwängert worden zu sein. Drohungen, Weinkrämpfe, Nervenzusammenbrüche. Auch mein Alec wurde immer unruhiger. Schielte er nicht manchmal neidisch auf den Junggesellen Jimmy mit seinen vielen Affären? Jimmy verlangte Vorschuß, immer wieder Vorschuß. Galante Abenteuer kosten Geld.

Wieder einmal hatte Jimmy eine hübsche Engländerin in die Bar mitgebracht. An ihrem Finger glänzte ein Ring in Form einer antiken Goldmünze. »From Jimmy«, sagte sie, warf ihm einen schmachtenden Blick zu und drehte den Ring an ihrem Finger hin und her. Ich blickte auf meine ringlosen Hände, die schufteten, sich auf dem Markt mit Eiern, Gemüse und Fleisch beschäftigten. Ich, die ich mich Tag und Nacht mit dem Personal herumschlug – ringlos. Erster Ehekrach!

»Aber Darling«, meinte mein Mann, »wir sind doch verheiratet. Jimmy muß das machen. Wenn man eine Frau erobern will – na, du weißt schon.« So war das also! »Wir sind doch verheiratet.« Diese Bemerkung habe ich bis heute nicht vergessen. Man braucht sich also nicht mehr zu bemühen …

Unsere glückliche Ehe wurde langsam immer weniger glücklich. Der berühmte »seven-year itch« begann langsam zu jukken. Aber es dauerte noch vier Jahre, bis wir uns trennten. Es knallte endgültig durch eine Affäre meines Mannes, die nicht nur ein vorübergehendes Sexvergnügen war: Patricia!

Pat war eine sehr attraktive, intelligente junge Frau, Tochter einer Engländerin und eines Ägypters. In England erzogen, hatte sie dennoch den reizvollen levantinischen Touch. Ihr Vater war der Besitzer des damals größten und elegantesten Hotels in Famagusta und ihr Onkel ein bekannter Anwalt. Ihre Familie war auf ganz Zypern bekannt und geachtet. Der wilden

Pat wurden ihre Eskapaden immer verziehen – zwar kopfschüttelnd, aber schmunzelnd. Sie hatte in England einen Kursus als Sekretärin gemacht und arbeitete bei der Regierung in Zypern.

Pat war eine leidenschaftliche Frau, und wer ihr gefiel – Grieche, Türke oder Engländer –, den beglückte sie mit ihrer Liebe. Was andere Frauen auf dieser Insel für die Hochzeitsnacht aufbewahrten, verschenkte sie großzügig, ohne irgendwelche Bindungen zu erzwingen. Prompt wurde sie auch immer von ihrem jeweiligen Liebhaber fallengelassen, wenn sich dem die Gelegenheit bot, eine jungfräuliche Tochter aus reichem Hause zu ehelichen. Pat war eine tolle Frau. Was ich nicht so toll fand, war, daß sie eines Tages im Astoria auftauchte, einen Blick auf Alec warf und beschloß: Das ist der Mann für mich! Unbekümmert übersah sie dabei, daß Alec ja mit mir verheiratet war.

Das Drama spitzte sich zu. Meine Abende wurden einsam. Das heißt, während ich die Gäste unterhielt, wurden Pat und Alec im Cabaret gesehen: eng aneinandergeschmiegt, im Klammerblues tanzend. Ungeniert erschien Pat in ihrer Mittagspause in der Bar des Astoria, ließ sich von vorne und von hinten bedienen. »Chips«, rief Alec. Chips, der eigentlich Cyprios hieß, war unser Oberkellner und Unterkellner, eben der gute Geist unseres Hauses. »Chips, bitte bring Miss Pat ihren Lunch an die Bar.«

Ich kochte vor Wut! Und als Pat wieder einmal grußlos an mir vorbei die Treppe hinunterging, um in ihr Auto zu steigen, raste ich hinter ihr her und erwischte sie gerade noch. Eine heftige Prügelei entwickelte sich. Haare wurden ausgerissen und Fußtritte verpaßt. Ich brüllte, ich schrie. Das Küchenpersonal, die Gäste – alle rasten auf die Straße. Alec lief auf uns zu und versuchte, uns zu trennen. Pat stieg in ihren Wagen und brauste davon. »Laß mich, laß mich!« tobte ich und wehrte mich, als Alec mich ins Hotel zerren wollte. Ich warf mich auf den Boden und blieb regungslos liegen. »Einen Arzt, sofort einen Arzt!« Alec und Chips trugen mich in unser Zimmer und legten mich vorsichtig aufs Bett. Alec saß neben mir, Tränen in den Augen: »Darling! I love only you – really.« – »Wirklich? Du hast eine merkwürdige Art, es mir zu zeigen.« Langsam beruhigte ich mich wieder.

Mein Wutausbruch hatte mir richtig gut getan. Er war schon lange fällig gewesen. »Darling, I love you, only you, but you see ...« Und dann erklärte Alec mir, daß er nun mal einen großen Schwanz habe, der seine Rechte fordere und danach verlange, auch andere Frauen zu beglücken. Aber das tue seiner Liebe zu mir keinen Abbruch. »Du Dreckskerl, du Sexualparasit! Ich habe die Schnauze voll von dir«, schrie ich.

Ehrlich gesagt: Das war die Wahrheit. Was blieb mir denn noch an seiner Seite? Oft hatte ich bemerkt, daß auch andere Männer mich attraktiv fanden, während Alec mich mehr und mehr zu einer Arbeitsmaschine degradierte. Auch ich hätte so manche Affäre haben können, aber das war damals für mich ausgeschlossen. Wozu dann die Ehe? fragte ich mich. Wozu verheiratet sein? Dann lieber ein Leben führen, allein, frei und ungebunden, ohne irgendwelche Loyalitäten zu verletzen. Ich wollte die Scheidung. Es gab keinen Weg zurück. »Heirate Pat«, sagte ich. »Nein!« rief Alec entsetzt, »lieber springe ich ins Meer!« – »Ha, Feigling!« So ein Mistkerl! »Du wirst Pat heiraten«, schrie ich. »Nein, niemals!«

Später heirateten die beiden dennoch, und ich glaube, Alec wurde mit ihr glücklicher, als er es mit mir gewesen war. Pat unterwarf sich seiner starken Persönlichkeit, erstaunlicherweise viel leichter, als ich es je getan hatte. Die Ehe hielt – bis zu Alecs Tod. Pat und ich wurden später gute Freunde.

Ja, er hat es damals nicht leicht gehabt, mein guter alter Alec. Da saß er nun zwischen zwei Frauen wie in einer Falle. Die eine drängte zur Scheidung, die andere zur Ehe. Die Scheidung von Alec und mir ging bühnenreif vor sich, zwar nach englischem Recht, aber in zypriotischem Stil, wie es heute vielleicht nicht mehr möglich ist. Wegen der Familie von Pat sollte ein Skandal um jeden Preis vermieden werden. Deshalb beschloß man, die Scheidung »in camera«, also geheim, stattfinden zu lassen. Pat durfte auf keinen Fall als Scheidungsgrund oder Ehebrecherin auftauchen. Also wurde eine andere Frau erfunden, eine Cabaret-Tänzerin aus dem Libanon, die es angeblich während eines Aufenthaltes in unserem Hotel mit Alec getrieben haben sollte. Als Zeuge wurde unser kleiner Oberkellner Chips auserkoren. Er sollte aussagen, daß er Mr. Alec und der Schönen Frühstück ans Bett gebracht habe. Das genügte schon. »Madame Lotti, muß ich das sagen? Bleiben Sie doch bei uns!« Der liebe Chips hatte Tränen in den Augen. »Madame Lotti, muß ich denn wirklich ...?« – »Du mußt!«

Der von Pats Onkel ausgewählte türkische Richter wußte Bescheid. Da die Aussagen nicht unter Eid stattfanden, konnte ich munter drauflosspinnen. Unter Ausschluß der Öffentlichkeit, um sieben Uhr morgens, noch bevor das Gericht für das Publikum geöffnet war, war ich geschieden. Da Alec nicht erschienen war und keine Gegenklage erhoben hatte, ging es blitzschnell. Da wir keine Kinder hatten, gab es, Gott sei Dank, keine schwerwiegenden Probleme zu lösen. Und unsere Geschäftsinteressen konnten wir auch so regeln, freundschaftlich. Ich verzichtete auf Unterhalt. »Sie verzichten?« fragte der türkische Richter fassungslos. Alec und ich hatten uns bereits geeinigt: Ich überließ Alec das Hotel, das mir ja zur Hälfte gehörte. Im Gegenzug dazu sollte er mir eine Bar mit Restaurant in Kyrenia einrichten. Schon immer wollte ich in Kyrenia leben, jetzt konnte ich mir diesen Wunsch erfüllen. Und ich würde endlich mein eigener Boß sein!

Ich war also geschieden und rief Alec im Astoria Hotel an: »Darling, now you are a free man.« Der Telefonhörer knackte: Er hatte wortlos aufgelegt. Der Arme! Hatte ich vielleicht vorschnell gehandelt? Ich fühlte, wie mir das Herz schwer wurde. Aber nein! Nein, mein Entschluß war richtig!

Mit gemischten Gefühlen bummelte ich durch die noch leeren Straßen Nikosias. An der Bar von John Odgers, einem Engländer, der sich allgemeiner Beliebtheit erfreute, blieb ich stehen. Die Tür stand offen. Rundlich, rothaarig, schwul – er war ein lieber Kerl. Da stand er in Hemdsärmeln hinter der Bar, eine dicke Zigarre im Mund, und sortierte seine Rechnungen.

Eine Türkin fegte vor dem Lokal die Straße, versprühte Wasser auf dem verstaubten Asphalt.

»John!« – »Lotti! Was machst du denn hier in aller Herrgottsfrühe?« Er musterte mich von oben bis unten. Ich hatte mich für meine Scheidung aufgetakelt: weißes Hütchen mit Schleier und lange, weiße Handschuhe. »Entweder du gehst zu einer Hochzeit«, meinte John, »aber dafür ist es ja viel zu früh, oder – kommst du etwa von deiner Scheidung?« – »Erraten«, lachte ich. Das Gerücht über Alec und seine Affären hatte in Nikosia bereits die Runde gemacht. »Come on, my dear«, meinte Johnny, »das muß gefeiert werden.« Er holte eine Flasche Champagner aus dem Kühlschrank. »Auf deine Freiheit!« – »Auf meine Freiheit!« wiederholte ich.

Leicht beschwipst brachte mich ein Taxi nach Hause. Mein Zuhause war nicht mehr das Astoria. Ich hatte inzwischen ein Häuschen gemietet, in das ich mit meiner Mutter eingezogen war, die sich äußerst schwierig verhielt. Was hatte dieser Kerl ihrer Tochter angetan! Sie verstand mein Verhalten nicht. »Wie kannst du auf deinen rechtmäßigen Anteil verzichten und dich auf ein unbekanntes Abenteuer einlassen? Eine Bar, ein Restaurant in Kyrenia – um Gottes willen! Du bist einfach dumm«, nervte sie mich immer wieder. »Bitte misch dich da nicht ein!« Aber man weiß ja, wie schwer es ist, eine Mutter daran zu hindern, sich in die Angelegenheiten ihrer Kinder einzumischen. Mit ihren Tränenausbrüchen und ihrem Gezeter machte sie es mir nicht leicht.

Das Hotel-Business hatte ihr schon mißfallen. Aber der Gedanke, daß ihre Tochter nun Barbesitzerin werden sollte, war ihr unerträglich. »Wer nichts wird, wird Wirt«, zitierte sie giftig. Am liebsten hätte sie mich umgehend in ihr geliebtes Berlin zurückverfrachtet. »Was machst du nur, was machst du nur?« jammerte sie. »Du gehörst nicht hierher, du gehörst auf die Bühne!«

Später, erst sehr viel später, als sie nicht mehr lebte, verwirklichte sich ihr Traum. Allerdings glaube ich, daß es eher ein Alptraum für sie gewesen wäre, wenn sie ihre Tochter in Filmen von Rosa von Praunheim erlebt hätte. Wenn sie erlebt hätte, daß man ihre Tochter als »Queen of the Underground« bezeichnete. Nein, so hat sie sich meine Karriere bestimmt nicht vorgestellt.

Wie auch immer: Pat, meine Nachfolgerin, zog in das Astoria ein, und ich zog aus. Nur unsere Hunde bereiteten mir Heimweh. Alec war ein großer Tierliebhaber: Wir hatten sieben Hunde und 15 Katzen, die sich auf dem Grundstück des Hotels tummelten und mit Futter versorgt wurden. Schon als wir lange geschieden waren, witterten mich unsere Hunde immer noch von weitem, erkannten mich auf der Straße, rasten auf mich zu, um mich stürmisch zu begrüßen. Das bewegte mich jedesmal sehr, und manchmal kämpfte ich mit den Tränen.

Einer von ihnen war mein besonderer Liebling gewesen. Eines Abends, in einer lauen Sommernacht, war ein Hund in den Garten des Astoria gekommen. Da stand ein Gerippe, eine von Schorf und Zecken bedeckte, winselnde Kreatur, noch jung – ich schätzte ihn auf sieben Monate. Zu welcher Rasse er gehörte, konnte man in dem Zustand, in dem er war, nicht erkennen. »Exo – raus!« schrie Chips. Gerade wollte er dem armen Tier den hier so üblichen Fußtritt versetzen und mit einem Knüppel nach ihm werfen, als ich ihn stoppte. »Bring Wasser«, befahl ich. »Wasser und einen Napf mit Futter. Mach schon«, fuhr ich ihn an. Der Hund trank, verschlang sein Futter und schaute mich aus seinen schönen braunen Augen dankbar an.

Am nächsten Morgen lag er noch da, zusammengerollt unter einem Busch. Schwach wedelte er bei meinem Anblick mit dem Schwanz. »Komm«, sagte ich, und tatsächlich trottete er hinter mir her. Die städtische Tierklinik mit ihrem großen Freigelände, mit ihrem Quarantäne-Gehege für importierte Tiere lag nicht weit von unserem Hotel entfernt. Der Tierarzt, ein rothaariger Schotte – schon 25 Jahre im Lande – meinte: »Well, well, Mrs. Kingaby, da haben Sie sich ja was zugelegt! Wir müssen ihn erst einmal desinfizieren.« Auf dem Gelände stand ein Riesenbecken, gefüllt mit einer Desinfektionslösung. Die Tiere wurden hineingetaucht, und die Zecken fielen ab. So auch bei meinem Schützling. Winselnd, heulend ließ er die Prozedur über sich ergehen. Ein Gehilfe hievte das nasse Gerippe aus dem Bassin. Wild schüttelte er sich, so daß ich gleich auch etwas von der Desinfektionslösung abbekam. Wir trotteten ins Astoria zurück. »Wenn du schon einen Hund haben mußt, dann doch nicht so etwas«, meinte ein Gast kopfschüttelnd. »Wie soll denn dieses Etwas heißen?« – »Lucky, weil er lucky ist, bei uns gelandet zu sein.«

Unter liebevoller Pflege und viel gutem Futter entwickelte sich unser »Glückspilz« zu einem wunderschönen Tier. Er entpuppte sich als eine Art Golden Retriever, ein Jagdhund. Nicht ganz rasserein: Sein Brustkorb war etwas zu breit und seine langen Beine waren ein wenig zu hoch geraten. Aber er hatte ein seidiges, rotbraunes Fell, einen buschigen Schwanz, die typischen Schlabberohren und einen edlen Kopf. Er wurde immer schöner, und wenn ich ihn wie ein Pferd bürstete und striegelte, blickte er mich mit seinen goldbraunen Augen hingebungsvoll an.

Der Triumph kam. Es fand ein Schönheitswettbewerb für nicht ganz reinrassige Hunde statt. Ganz Nikosia nahm daran teil. Über zweihundert Hunde, zum Teil außerordentlich merkwürdige Mischungen, wurden von ihren Herrchen und Frauchen zur Besichtigung im Kreise herumgeführt. Als ob Lucky wußte, worauf es ankam, schritt er mit hocherhobenem Kopf an der Leine neben mir her. Wir erhielten den ersten Preis: ein breites, ledernes Halsband, mit großen, glitzernden Glassteinen besetzt. War ich glücklich! Wir trotteten heim. Für Lucky gab es eine Extraportion Fleisch und für mich einen doppelten Gin-Tonic.

Leider hatte Lucky eine unglaubliche Abneigung gegen Zyprioten. Ob Postbote, Lieferanten oder Gäste – wenn er sie roch, war er nicht zu halten, stürzte sich auf sie und fletschte die Zähne. Vielleicht erinnerte er sich an seinen ersten Besitzer, der ihn möglicherweise so grausam behandelt hatte? Offensichtlich hatte er ihn nicht vergessen. Kein Befehl, kein Anbinden, kein Zureden half – immer wieder fiel er Zyprioten an.

Und dann geschah es – einmal zuviel. Er fiel eine hochschwangere Griechin an. Sie schrie auf, schrie die ganze Straße zusammen. Gott sei Dank war nichts weiter passiert. Aber am nächsten Tag erschienen zwei zypriotische Polizisten. Sie trugen ein Gewehr über der Schulter und nahmen Lucky mit. Ich ahnte, was geschehen würde, und weinte bitterlich.

Mehr als großzügig hielt sich Alec an unsere Vereinbarung. In Kyrenia fand er eine Art Schuppen, direkt an dem kleinen, pittoresken Hafen gelegen. Ursprünglich war dieser Schuppen ein Lagerraum für Johannisbrot gewesen, noch unter der türkischen Herrschaft von Türken erbaut. Jetzt benutzten ihn die Fischer als Aufenthaltsraum, tranken dort Coca Cola und Schnaps. Er war unglaublich primitiv, aber hatte eine hohe, kuppelartige Decke, deren Balken in der Mitte – o Entzücken – von einer griechischen Säule gestützt wurden. Edle Säule, schöne Säule! Jetzt bedeckte ihren Marmor scheußliche Coca Cola-Reklame. Der Raum gehörte einem alten Griechen, der gleich nebenan ein typisch griechisches Café für die Fischer betrieb. Alec verhandelte mit ihm. Verrückter Engländer! muß der Alte gedacht haben, was wollte er mit so einem heruntergekommenen Schuppen? »Ich will eine Bar und ein Restaurant daraus machen und meine Gäste vom Astoria hierherführen«, erklärte ihm Alec, »meine Frau wird das Restaurant führen.« – »Es ist besser«, meinte mein geschiedener Mann, »wenn du weiterhin als Mrs. Kingaby auftrittst. Man wird dich dann mehr respektieren.« Wie recht er hatte, sollte sich später oft herausstellen. Aber es entstanden auch witzige Situationen.

Alec konnte sich einfach nicht mit der Tatsache abfinden, daß wir geschieden waren. Und als ich dann nach zwei Jahren eine heiße Liebesaffäre mit einem gewissen Colonel Huber hatte, wurde Alec prompt davon in Kenntnis gesetzt. Schnurstracks kam er aus Nikosia und forderte Rechenschaft. »Aber Alec, Darling«, rief ich, »hast du vergessen, daß wir geschieden sind?« Es war wirklich sehr komisch.

Ich unterschrieb den Vertrag, und der Johannisbrotschuppen gehörte mir. Alec verwandelte ihn in ein sehr attraktives Lokal. Indirekte Beleuchtung tauchte die Marmorsäule in rosiges Licht – bei weit geöffneter Tür ein anziehender Blickfang. Er ließ eine

Bar bauen, die mit eingesetzten Kacheln – Motiven aus Zypern – geschmückt war. Eine kleine Eßecke wurde durch Amphoren, die mit Blumen gefüllt waren, abgetrennt. Weinrote, handgewebte Läufer bedeckten den Boden, handgewebte Vorhänge die Fenster. Die Veranda hatte ein weinbedecktes Dach, das vor der glühenden Sonne schützte. Bunte Stühle und Tische luden zum Sitzen an der Wasserfront ein.

Für eine alleinstehende Frau war es nicht leicht, sich als Chefin eines Lokals zu behaupten. Wie oft mußte ich mich in eine Furie verwandeln, wenn es darum ging, dem türkischen und griechischen Personal Respekt einzuimpfen. »She is a bitch, she is a witch«, stöhnten meine männlichen Angestellten – und auch meine Gäste, wenn sie nicht spurten und ich ihnen das Fürchten beibrachte. Ja, eine Hexe mußte ich schon sein, sonst wäre ich elend untergegangen.

»Der ›Octopus‹ ist eröffnet.« So lautete eine schlichte Anzeige im ›Cyprus Mail‹, der führenden Zeitung, die nicht wenig Aufmerksamkeit erregte. Ein englisches Paar, Judith und Roy F., waren die Besitzer des Harbour Club am anderen Ende des Hafens. Sie waren es, die mich besonders aufs Korn nahmen. Denn jetzt bekamen sie Konkurrenz. Nachdem sie jahrelang gewissermaßen das Monopol in Kyrenia gehabt hatten, kam nun eine Frau, die bald »Queen of the harbour« genannt wurde. Und dazu war diese Frau noch a bloody foreigner!

Judy war während des Krieges eine bekannte Entertainerin für die Truppen gewesen. Und noch immer kreischte sie allabendlich ihren berühmten Song »You, embraceable you ...« den mehr oder weniger begeisterten Gästen vor. Roy war einst ein »Unter-ferner-liefen«-Schauspieler gewesen. Da er für die Unterhaltungsprogramme der Truppen verantwortlich gewesen war, hatte er während des Krieges eine gewisse Berühmtheit erlangt. In dieser Zeit hatten sich die beiden getroffen. Sie waren ein gutaussehendes Paar.

Der Harbour Club war genau das richtige für die englischen Snobs und die, die es gerne sein wollten. Der Octopus war origineller. »That woman!« – das war ich. Der Stil, in dem wir unsere Bars führten, war ausgesprochen gegensätzlich, die Harbour-Club-Besitzer begrüßten ihre Gäste mit einem aufgesetzten Upper-Class-Akzent und bepinkelten sich fast vor untertäniger Verzückung, wenn ein betitelter Sir und eine betitelte Lady sie mit ihrem Besuch beglückten.

Bei mir war das anders: Wer mir nicht gefiel, flog raus. Das konnte ich mir leisten, und das mußte ich mir leisten können. Ich war alleine, eine Frau, die allen möglichen Intrigen und Schwierigkeiten ausgesetzt war. Ich befand mich ständig in Alarmbereitschaft. Eine Frau, die alleine eine Bar und ein Restaurant führte ...? Entweder war man bei den Griechen und Türken Hausfrau und Mutter oder – Freiwild. Und eine attraktive Frau in einer Bar war eben Freiwild. Man tratschte und klatschte über mich. Auch meine Konkurrenz versprühte ihr Gift über »that woman«. Na wartet, dachte ich, ich werd's euch allen schon zeigen.

Meine erste Herausforderung war der Besuch des von den Engländern eingesetzten türkischen Polizeiinspektors von Kyrenia. In Begleitung von drei weiteren Türken betrat er den neueröffneten Octopus und schaute sich neugierig um. Mein Barmann Andreas, ein griechischer Zypriot, flüsterte mir aufgeregt zu: »Madam, Madam, der Inspektor ...« – »So what!« Der Türke fing an mich auszufragen: »Wer sind Sie? Sind Sie verheiratet? Haben Sie Kinder?« Und viele dumme Fragen mehr. Offensichtlich kannte er das Astoria in Nikosia nicht oder wollte es nicht kennen.

Ich bot ihm einen Drink an, den er ablehnte, und fragte zurück: »And you, Sir, are you married? Have you got children? And who are you anyway?« Mein Barmann Andreas fiel fast vor Schreck in Ohnmacht. »Madam, Madam ...«, flüsterte er fassungslos. Nach einer Weile, ohne daß es dem Inspektor gelungen war, mich einzuschüchtern, verzog er sich mit seiner Begleitung wieder. Ich hängte mich sofort ans Telefon. Der Leiter der Zivilpolizei war ein Engländer, Charles B. Er war ein Freund des Astoria und spielte oft mit Alec Bridge. »Charles?« – »Yes, my dear ...« Ich berichtete ihm kurz von dem Auftritt eines seiner Inspektoren. »Don't worry! Geht in Ordnung, wird nicht wieder vorkommen«, beruhigte er mich.

Eines Morgens sah ich meinen Widersacher auf dem Markt. Er trug die englische Uniform eines Polizeioffiziers, schwang schick sein Stöckchen, wie es so üblich war, und kam langsam auf mich zu. »Good morning, Madam.« Ich verpaßte ihm einen kurzen, giftigen Seitenblick: »Morning.« – »Madam«, fuhr er fort, »warum sind Sie so böse auf mich?« Aha, dachte ich, er hat schon sein Fett weg. »Ich bin nicht böse«, sagte ich, »ich mag nur nicht, wenn man mir dumme Fragen stellt.« – »Dumme Fragen?« – »Ja! Are you married? Have you got children?« äffte ich ihn nach. »Aber Madam, das war doch nicht böse gemeint. Was soll man denn sonst eine Frau fragen?«

Das war doch die Höhe! »Ich bin keine Frau«, erklärte ich ihm. »No?« Verdutzt blickte er mich an, dann breitete sich ein leicht amüsiertes Lächeln auf seinen Lippen aus. »No!« wiederholte ich so lautstark, daß die Leute stehenblieben. »No, I am a business-institution and nothing else. Ist das klar?« – »Yes, Madam!« Er salutierte schneidig. Dann streckte er mir seine Hand entgegen: »Sind wir jetzt Freunde?« – »Jetzt sind wir Freunde«, sagte ich. Er wurde wirklich ein guter Freund, und ich hatte meine Ruhe. Später erzählte er mir stolz von seiner Tochter, die in London Jura studierte. Na also.

Und dann das Personal! Damals war die Bevölkerung noch türkisch und griechisch gemischt. Da gab es die Kellner Ali und Sokrates, später stießen Aristoteles hinzu und Aphrodite, die ab und zu aushalf. Die nicht mehr so schöne Helena war eine sehr tüchtige Küchenhilfe. Alle probierten am Anfang aus, wie weit sie mit »Madam« gehen konnten. »Ali«, sagte ich, »bitte trage die Stühle ans Wasser.« – »Ich, Madam?« fragte Ali und zog erstaunt eine Augenbraue hoch. »Ich bin doch ein Mann, Madam«, erklärte mir der 19jährige Schnösel, »du Frau, du stellen die Stühle ...« Er hatte noch nicht zu Ende gesprochen, da war er schon rausgeflogen. Sein jammernder Vater brachte ihn nach einer halben Stunde zurück. »Raus!« brüllte ich.

Dann kam Sokrates dran. »Wo ist Sokrates?« fragte ich eines

Morgens. »Sokrates ist schwimmen gegangen. Er sagt, er kommt später«, erklärte mir Aphrodite seelenruhig und schälte ihre Kartoffeln weiter. Seine Badehose war noch nicht trocken, da flog auch er.

Die zypriotischen Frauen waren viel intelligentere und viel bessere Arbeitskräfte als ihre Männer. Sie begriffen schneller, waren loyaler und besaßen eine unglaubliche körperliche Widerstandskraft. Meine Helena, die schon sechs Kinder hatte, war gerade dabei, ihr siebentes abzuwerfen – ja, abzuwerfen! Andreas, einer ihrer Söhne und ein großer Nichtsnutz, kam eines Abends zu mir in den Octopus und informierte mich in gebrochenem Englisch: »My mother – she no come. She making da baby. Kommt morgen.« Und richtig, am nächsten Morgen, frisch wie ein Gänseblümchen, kam sie, fegte die Veranda und berichtete strahlend: »Eine Tochter! Men no good«, meinte sie geringschätzig, »women better.« Na also, das war ja schon eine emanzipatorische Erklärung. Ich drückte ihr fünf Pfund in die Hand, damals etwa hundert Mark. »For the baby.«

Ich probierte noch verschiedene männliche Angestellte aus, die Sokrates', die Aristoteles', die Sophokles', die Odysseus' – wie ihre stolzen Eltern sie getauft hatten. Alle machten ihren berühmten Namen wenig Ehre. Bis ein Junge – war er 13 oder 14 Jahre alt? – barfuß, mit einem zerrissenen Hemd und einer viel zu großen Hose in den Octopus kam. Seine großen, schwarzen Augen rollend, fragte er in perfektem Englisch: »May I work here, Madam?« Seine Stimme war noch nicht gebrochen. Mit diesem Andreas oder Andrew begann eine neue Phase in der Geschichte des Octopus. Doch davon später.

Erst möchte ich weitererzählen, wie ich mich langsam aber sicher durchsetzte. Wie sah mein Tag aus? Um sechs Uhr morgens stand ich auf. Zusammen mit einem der Sokratesse oder Aristotelesse ging ich auf den Markt. Ich vorneweg, sie trotteten mit großen, hohen Weidenkörben hinter mir her. »Kalimera, Madam, kalimera – guten Morgen, guten Morgen.« Man freute sich: Kam da eine neue Gans, die man rupfen konnte?

Man wartete ab. Was würde ich schon von Fleisch, von Gemüse verstehen? Meine Mutter kam manchmal zur Unterstützung mit auf den Markt. In ihrer Empörung konnte sie genauso gut kreischen wie die Marktleute. »Nein«, schrie sie auf Deutsch, was sehr komisch war, und warf das Fleisch dem Schlachter mit vor Abscheu verzerrtem Gesicht wieder zurück: »Nicht gut!« Dieses »Nicht gut!« wurde auf dem Markt zu einem geflügelten Wort. Kaum betraten wir ihn, riefen die Händler uns zu: »Kalimera, Madam, nicht gut, nicht gut!« und schwenkten uns ihre Waren entgegen. Ja, das war lustig. Wir setzten uns durch, und minderwertige Ware wurde uns nie wieder angeboten.

Trotz ihrer Temperamentsausbrüche war meine Mutter bei den Zyprioten sehr beliebt, mehr noch, sie stand in hohem Ansehen bei ihnen. Besonders ihr Verhalten wurde geschätzt, denn im Dorf hatte sich längst herumgesprochen, daß sie den kleinen Andrew wie ihren eigenen Sohn behandelte. Und auf dem Markt gab sie den Fleischern regelrecht Unterricht, was das Zerlegen des Fleisches betraf. Griechen und Türken arbeiteten damals noch in glücklicher Eintracht zusammen, was leider nicht mehr lange andauern sollte. Die Türken verkauften Fleisch vom Rind und die Griechen Schweinefleisch, was den Türken wegen ihrer Religion verboten war. Die Fleischer wußten nicht, was ein Filet oder was ein Rumpsteak ist. Sie verkauften alles zum selben Preis. »So geht das nicht«, klärte meine Mutter sie auf, »das Filet muß teurer bezahlt werden als der Rest.«

Der Octopus war berühmt für die besten Steaks auf der Insel. Das war schon im Astoria so gewesen, dank meiner erfahrenen Mama. Türken wie Griechen verzehrten nur frisch geschlachtetes Fleisch, das natürlich unwahrscheinlich zäh war. Bei uns wurde es erst einmal gründlich abgehangen, so daß es auf der Zunge zerging. Weil in Israel Lebensmittel und Fleisch in den ersten Jahren des jungen Staates sehr knapp waren, flogen die dort stationierten Amerikaner eigens nach Zypern herüber, um im Astoria und später im Octopus ihre geliebten Steaks zu essen.

Ich erfand eine Spezialität de la maison: ein Octopus-Omelett. Zunächst wurde der frische Tintenfisch in Scheiben geschnitten und in seiner Tinte mit Knoblauch, Thymian, Oregano, Lorbeerblättern, Pfefferkörnern und Rotwein – Zyperns berühmter Commanderia – gekocht, mit Ochsenschwanzsuppe verstärkt und leicht angedickt. Mit dieser duftenden Masse wird dann ein Omelett gefüllt. Dazu frischer, knackiger Salat – ein Genuß! Ein Renner auf meiner Speisekarte.

Durch meine Hotelerfahrung wußte ich, daß das Restaurant nicht viel einbrachte. Im Gegenteil, es war oft ein Verlustgeschäft. Die Bar war es, die das Restaurant mit trug. Meine Speisekarte im Octopus war klein, aber erlesen. Mein Curry mit zwanzig sidedishes war berühmt. Und dann die Mezes, kleine pikante Leckerbissen, die ich zu den Drinks servierte. In Spanien nennt man diese Häppchen Tapas. Am Sonnabend oder Sonntagmorgen kamen meine Gäste mit der Absicht, ihren Lunch bei mir einzunehmen. Aber erst einmal wurde getrunken. »Hello, old boy, have a drink.« – »This is my round.« – »The next one is on me.« Eine Runde folgte der anderen. Trinken à l'Anglaise – das war ein gutes Geschäft. Manchmal setzten meine Gäste sich erst am Nachmittag zum Essen an den Tisch. Ich hätte das Curry oder das Octopus-Omelett verschenken können – mein Geschäft war gelaufen.

Kyrenia war ein Mini-St. Tropez. Mit dem kleinen Bilderbuchhafen und den Bergen im Hintergrund ist es ein landschaftliches Juwel. Nicht zu Unrecht hatten englische Aristokraten und pensionierte Militärs sich diesen entzückenden Ort als Ruhesitz ausgesucht. Ab und zu wurde die Idylle von der Ankunft des einen oder anderen britischen Kriegsschiffes unterbrochen. Zypern war ja ein sehr wichtiger militärischer Stützpunkt für England, und so stattete die Navy öfter mal ihren Besuch ab.

Na, dann war was los! »Madame Lotti«, warnten mich die Griechen, »am besten, Sie bleiben geschlossen während des Aufenthaltes der Navy. Wenn die besoffen sind, zerschlagen sie alles, klauen und randalieren durchs Dorf. Und Sie, eine Frau, alleine ...« Na, dachte ich, wollen wir doch mal sehen. Also, die Jungs gingen an Land. Die erste Station war der Octopus – natürlich, er lag ja direkt am Hafen. Meine griechischen Kellner sahen leicht blaß um die Nase herum aus. Meine Mutter rief wieder einmal »Um Gottes willen«, war aber nicht bereit zu weichen. »Bitte geh nach Hause«, befahl ich ihr. Ach, meine Mutter, die kämpferische Johanna! Da stand sie mit verschränkten Armen und rührte sich nicht vom Fleck. Aber ich hatte mir schon einen Schlachtplan zurechtgelegt.

Zunächst betraten drei Seeleute das Lokal, setzten sich an die Bar und bestellten Brandy. Sehen doch ganz friedlich aus, die Burschen, dachte ich. Neugierig beäugten sie mich. »Also, Jungs, the first drink is on the house«, erklärte ich ihnen. Dann fragte ich: »Seid ihr trinkfest?« – »Yes, Madam!« – »Gut.« Ich nahm eine Flasche Brandy vom Regal. »Die gehört euch. Dafür müßt ihr aufpassen, daß sich die Jungs im ›Octopus‹ anständig benehmen, nichts klauen, nichts zerschlagen«, sagte ich. »Beschissen wird hier nicht. Ihr zahlt genau den gleichen Preis wie alle anderen – und ihr seid herzlich willkommen.« Die drei Seemänner waren begeistert. Es lief prima. Jeder, der reinkam, bekam erst einmal einen drink on the house. »You are a wonderful girl«, stellten sie fest. Resultat: Bei mir wurde tatsächlich nichts geklaut. Im Gegenteil, am Ende des Tages brachten sie mir, stinkbesoffen, wie sie inzwischen waren, ihre woanders geklauten Trophäen. »For you... hick... because... hick... we love you... hick... for she's a jolly good fellow... hick!« grölten sie.

Was sie mir nicht alles heranschleppten! Eine alte Standuhr, wunderschöne Lampenschirme, Gläser, Garderobenständer, Aschenbecher, Blumentöpfe und und und. Der Octopus sah aus wie ein Trödelladen. Am nächsten Morgen kam die Polizei, holte alles wieder ab und stellte die Sachen ihren rechtmäßigen Besitzern zu. Ich triumphierte. Aber eine kleine Sache machte mir Sorgen. Wo war meine Whisky geblieben, meine kleine Hündin? Whisky war eine kluge Mischlingsdame, halb Dackel, halb was weiß ich. Unerhört witzig und intelligent, sie war mein Schatz. Die Navy liebte es, Maskottchen mit aufs Schiff zu nehmen. Hatten sie etwa meine Whisky entführt? Ich war enttäuscht und wütend. Aber zu Unrecht. Als ich an diesem unvergeßlichen Abend nach Hause kam – wer saß vor der verschlossenen Tür meiner Wohnung und blickte mich aus treuen, braunen Augen vorwurfsvoll an? Whisky! Sie hatte einfach die Nase voll gehabt von all dem Rummel und war nach Hause gelaufen.

Mit Whisky hatte ich noch ein anderes lustiges Erlebnis. Meine Konkurrenz aus dem Harbour Club besaß auch einen Hund, einen reinrassigen Pekinesen, der jeden Morgen rund um den kleinen Hafen watschelte. Er zeigte großes Interesse an meiner Whisky, die nicht sterilisiert war. Sie war noch Jungfrau und bellte nach Liebe. Ich hatte eine wundervolle Idee. Als sie wieder einmal »heiß« war, lockte ich den Pekinesen in den Octopus und sperrte ihn mit Whisky zusammen in die Damentoilette. Dann ließ ich, wie ich hoffte, der Liebe ihren Lauf. Ich freute mich schon und sah im Geiste meine Annonce im ›Cyprus Mail‹: »Hundebabys zu verkaufen – fast Pekinesen. ›Octopus‹, Kyrenia.« Gleichzeitig freute ich mich auf die Gesichter meiner Konkurrenz.

Nach einer Weile öffnete ich vorsichtig die Toilettentür und blickte hinein. Das gibt's doch nicht! Da bearbeitete meine Whisky den Pekinesen von hinten, der mit einem verzückten Ausdruck im Gesicht ihr seinen Arsch entgegenstreckte. »Silly girl – dummes Ding!« rief ich empört. »Schluß damit, du kommst sofort raus!« Ich nahm sie an die Leine und brachte sie nach Hause. »Nie wieder, hörst du, dummes Ding. Jetzt ist es aus mit der Liebe!«

Na ja – aus mit der Liebe war es auch für Frauchen seit ihrer Scheidung. Eisern mußte ich auf meine Reputation achten. »I am a business-institution«, ließ ich immer wieder alle lautstark wissen. Dabei boten sich schon »leckere« Gelegenheiten. Die Air Force, die Navy, die Army hatte fabelhaft aussehende Männer. Aber ich konnte mich als Frau nur durchsetzen, wenn ich unnahbar, oder besser gesagt, uneinnehmbar blieb. Ein bildschöner junger Marineoffizier schenkte mir eine Schallplatte: Chopin, von Rubinstein gespielt. »O Lotti«, seufzte er, als ich die Platte entzückt an meinen Busen drückte, »what has this record got I haven't got?« Ohne nachzudenken, reagierte ich blitzschnell: »It has twelve inches, dreißig Zentimeter, die du bestimmt nicht hast.« Schallendes Gelächter seiner Kameraden. Dieser Ausspruch machte die Runde, wie man sich denken kann. Aber das war nur einer meiner Sprüche. Ich war für meine Schlagfertigkeit bekannt, und es passierte des öfteren, daß mir Bemerkungen untergeschoben wurden, die gar nicht von mir stammten.

Meine Mutter hatte immer mehr den Wunsch, nach Berlin zurückzukehren. Ihr war das Leben auf der Insel mit Türken, Griechen und Engländern sehr fremd. Sie fühlte sich einsam und wollte mich unbedingt mitnehmen: »Das ist doch kein Leben für dich«, meinte sie kopfschüttelnd, »du mußt Schauspielerin werden.« Der heimliche Wunsch meiner Mutter war, mich im Octopus scheitern zu sehen. Aber der Octopus hatte längst »Karriere« gemacht. Meine Mama fuhr für zwei Monate nach Deutschland, um ihre Angelegenheiten zu regeln, und war bei ihrer Rückkehr höchst überrascht, daß alles wie am Schnürchen lief. Ich rein in die Küche, Kittel an, Steaks braten – well done, underdone, medium –, Kittel aus, Parfum hinters Ohr getupft, lange Zigarettenspitze, einen Gin-Tonic in der Hand, die Gäste begrüßen. Dann wieder schwuppdiwupp in die Küche. What a life!

Aber es klappte, klappte sogar großartig. Dabei half mir Andrew. Meine Mutter hatte ihn vom ersten Moment an in ihr Herz geschlossen: »Ich kann gut rechnen, Madam, und ich kann auch gut Englisch sprechen. Ich gehe aufs Gymnasium«, erklärte er uns stolz. Er hatte einen Freiplatz für Begabte bekommen und mußte deshalb kein Schulgeld bezahlen.

Andrew entpuppte sich als wahrer Schatz. Meine Mutter nahm ihn gleich unter ihre Fittiche, kaufte ihm Hemden, Hosen, Schuhe. »Der Junge muß gut essen, viel Milch trinken, er wächst ja noch«, meinte sie. Sie war so richtig in ihrem Element. Sie richtete ihm ein Zimmer in unserem Haus, unten neben der Waschküche, ein. Aber es dauerte nicht lange, da zog er in die erste Etage. »Wie Walter«, sagte sie, »so hat Walter in seinem Alter ausgesehen.« Mein Bruder Walter, der mit 22 Jahren gestorben war. Meine Mutter hatte es nie verwunden.

Der junge Andrew und meine Mutter wurden unzertrennlich. Wie Harold and Maude! Scherzend nannte ich meine Mutter »Frau Professor Higgins«. Dieser junge Mensch erwies sich als eine unerhörte Kraft, entzückte die Gäste, wenn er ihnen das Essen servierte und sich dabei vor Eifer auf die Zunge biß. Er schrieb Rechnungen aus, die immer stimmten, und wuchs und gedieh prächtig. Meine Mutter überwachte seine Schularbeiten. Stundenlang saßen »der Kleine«, wie wir ihn nannten, und sie zusammen und erzählten sich Geschichten. Meine Mutter berichtete ihm von Deutschland, das er später kennenlernen sollte. Regelmäßig kontrollierte sie seine Größe, machte Striche an die Wand. »Aha, schon wieder ein paar Zentimeter gewachsen!« Es war einfach rührend. Ich brachte dem intelligenten Jungen allerlei Sprüche bei – in deutsch, in englisch und auch in lateinisch –, die er dann bei passenden und unpassenden Gelegenheiten zitierte. Da er, wie alle Griechen, gern tratschte und klatschte, hatte ich ihm das Sprichwort beigebracht: Si tacuisses, philosophus mansisses – wenn du geschwiegen hättest, wärst du ein Philosoph geblieben.

Eines Morgens kam einer der englischen Kommissare, die dem Gouverneur zugeordnet waren, mit seinen Mitarbeitern zum Lunch. Wohlwollend betrachtete er den eifrigen Jungen und fragte ihn, ob er griechisch oder türkisch sei. »Griechisch, Sir.« Stolz hob Andrew seinen schönen Kopf. »So, so.« – »Ja, Sir«, unterrichtete ihn der mitteilsame Andrew, »und ich geh' noch aufs Gymnasium«. – »So, so. Was lernst du denn da?« – »Griechisch, ein bißchen Englisch, aber ich kann auch einen lateinischen Spruch.« – »So, so, wie lautet der denn?« Zu meinem Schrecken zitierte Andrew: »Sir, si tacuisses, philosophus mansisses.« Unterdrücktes Lachen bei den Begleitern des Kommissars. »Äh, äh«, sagte der, »das ist ja sehr interessant. Äh... die

Rechnung bitte.« – »Yes, Sir.« Ich wollte den Fauxpas von Andrew wieder gutmachen und trat an den Tisch: »Erlauben Sie mir...« Ich nahm Andrew die Rechnung aus der Hand und zerriß sie. »Äh, äh... very nice, very nice, indeed.« Der Kommissar war von meiner Einladung sehr angetan. »Well, junger Mann, dann lerne mal schön weiter so kluge Sprüche ... äh, äh.«

Kaum hatte der Kommissar mit seiner Entourage das Lokal verlassen, ging ich auf Andrew los: »Sag mal, Kleiner, bist du verrückt geworden?« – »Aber, Madame Lotti, Sie haben mir doch den Spruch beigebracht. Und warum haben Sie ihn nicht bezahlen lassen, er verdient doch genug! Auf diese Weise werden wir zu gar nichts kommen.« Mißbilligend schüttelte er den Kopf. »Du bist mein managing director«, sagte ich und streichelte ihm über das Haar. »Ja, das bin ich. Aber wenn Sie immer alle einladen, nützt das auch nichts.«

Alec, mein geschiedener Mann, kam öfter aus Nikosia nach Kyrenia, um mir bei der Buchführung zu helfen. Aber auch, um einen Drink zu nehmen und einen kleinen Plausch zu halten, Erfahrungen auszutauschen und über die letzten Ereignisse zu sprechen. Ich merkte, wie ich ihm wieder sehr gefiel. Ich war schöner geworden. Ich war nicht länger das Anhängsel eines Ehemanns – ich war selbständig, wunderbar selbständig.

Alec war nun mein Freund, der mir freimütig von seinen Liebesabenteuern erzählte, was mich jetzt köstlich amüsierte. Nun konnte sich Pat, seine Frau in spe, darüber ärgern. Ja, ich genoß meine neugewonnene Selbständigkeit. Begleitet von meinen Katzen und Hunden, ging ich auf die Bank, unterhielt mich mit dem Manager über den neuesten Stand meines Kontos. Das war erotisch, das gab mir den schönsten Orgasmus. Ja, ich konnte sogar zu Alec sagen: »Brauchst du Geld? Du kannst es mir zurückgeben, wann immer du willst.« Er nahm nie etwas von mir, aber er war tief beeindruckt. Ich hatte es richtig gemacht. Warum hätte ich ihn ruinieren sollen? Er war ein lieber Kerl und hatte mich hier in Kyrenia wundervoll auf die Beine gestellt. Warum bei einer Trennung das ganze Heckmeck, die

Haßtiraden, die wirtschaftliche Erpressung? Ich verhielt mich wie ein Freund und war sehr glücklich dabei.

Kurz nach meiner Scheidung im Sommer 1955 machten sich unheimliche Aktivitäten auf der Insel bemerkbar. »Du«, flüsterte Alec und blickte sich verstohlen nach links und rechts um, »bereite dich auf etwas vor, du wirst bald sehr, sehr beschäftigt sein. Du wirst viele Gäste haben, die Her Majesty's Regierung herüberschicken wird.« – »Wie denn, was denn ...?« – »Pst, darüber darf ich nicht reden. Inside information! Du wirst schon sehen, du wirst es bald erleben.« Alec hatte durch sein Bridge-Spielen mit dem obersten Chef der Zivilpolizei manche interessante Neuigkeit erfahren. »Du sitzt hier goldrichtig«, meinte er, »nur, sei vorsichtig.« Bald wußte ich, was er meinte.

Inzwischen ging das Leben in Kyrenia in seiner verspielten Weise weiter: kleine Intrigen, love affairs, Klatsch und Tratsch. Es ging zu wie in einer Novelle des in den dreißiger und vierziger Jahren so berühmten Schriftstellers Somerset Maugham. Wie schade, daß er nie auf Zypern gelebt hat: Welch ein Roman wäre aus seiner boshaften Feder geflossen!

Kyrenia war voll von exzentrischen Persönlichkeiten, die sich aus dem damals so grauen England auf die sonnige Insel geflüchtet hatten. Neben der Aristokratie fanden auch Künstler, Maler und Schriftsteller hier ihr Paradies – beispielsweise der Schriftsteller Lawrence Durrell, der ›Alexandria-Quartett‹, ›Bittere Limonen‹ und ›Justine‹ geschrieben hat. Er sprach perfekt Griechisch, da er seine Kindheit auf Korfu verbracht hatte. In Kyrenia hatte er eine Anstellung als Englischlehrer in einer Mädchenschule erhalten und lebte am Rande des Ortes in einem wunderschönen alten Haus. Die Griechen verehrten ihn sehr, bis ...

Obwohl klein, von gedrungener Gestalt und mit einer Knubbelnase im runden Gesicht, übte Lawrence Durrell auf viele Frauen eine magische Anziehungskraft aus. Alles andere als schön, war er ungeheuer charismatisch und sexy. Wenn er im Octopus mit seiner jeweiligen Favoritin frühstückte, beobachtete ich, wie schlecht er sie behandelte. Die liebten ihn dafür um so mehr und legten sich reihenweise für ihn hin. Die Insel, die er so sehr liebte, mußte er zwangsweise verlassen, weil seine griechischen Freunde sich von ihm verraten fühlten: Während der Kämpfe zwischen Griechen und Engländern hatte er sich mit seinen griechischen Sprachkenntnissen der englischen Regierung als Dolmetscher für die Verhöre der griechischen Terroristen zur Verfügung gestellt. Das nahmen ihm die Griechen sehr übel.

Ich erinnere mich auch an Sigmund P., einen Maler. Er stammte aus reichem Hause, war homosexuell und vor Erpressungen aus England nach Zypern geflüchtet. Wahnsinnig attraktiv und trotz seiner allen bekannten Neigung von Frauen umschwärmt, wurde dieser ungewöhnliche Künstler ein großer Fan von mir. »Endlich«, sagte er, »endlich ein Platz, an dem ich mich wohlfühlen kann.« Wir wurden gute Freunde. Sigmund P. war nekrophil: Er liebte es, tote Vögel, tote Katzen, Mäuse oder andere Kreaturen im Todeskampf zu malen und zu zeichnen. Die kalte Grausamkeit, mit der er die verendenden Geschöpfe auf dem Papier festhielt, war erschreckend und merkwürdig erotisch zugleich.

Nach der Eröffnung des Octopus schenkte er mir ein Bild, das ich noch immer besitze. Es stellt einen getrockneten Tintenfisch dar, der mit ausgespannten Fangarmen über einem Bambusstab zum Trocknen hängt. Die Zeichnung ist brutal und sieht wie eine Kreuzigung aus, aber sie ist faszinierend und von vollendeter graphischer Technik. Dieses Geschenk war ein Zeichen seiner großen Sympathie: Viele hatten es kaufen wollen, aber Sigmund lehnte immer wieder ab. »Meine Bilder«, erklärte er lautstark und voller Arroganz, »sollen in gute Hände kommen – so wie Hunde und Katzen.« Für Sigmund P. war nicht einmal das Government House seiner Werke würdig. So eine bissige, arrogante Tunte! Aber ein hervorragender Künstler.

»Wie hat sie das nur geschafft?« fragten sich neidische Frauen der Kyrenia-Gesellschaft, »hat sie ihn etwa bekehrt?« Keineswegs. Aber es gab so etwas wie eine erotische Spannung zwischen mir und diesem attraktiven Maler – eine erotische Spannung, die es oft zwischen mir und homosexuellen Männern gibt.

Und da war Humphrey Bourne, ein Mitglied der Familie Bourne, denen das große Kaufhaus Bourne & Hollingsworth in London gehört. Humphrey war das schwarze Schaf der Familie: Ex-Gardeoffizier, ein fabelhaft aussehender Mann. Er besaß außerhalb von Kyrenia ein wunderschönes Haus mit einem Rosengarten, einem Liebespavillon und einem Atelier, denn er war ein leidenschaftlicher Hobbymaler. Humphrey oder Hum, wie sie ihn alle nannten, hatte unter anderem zwei Diener, einen Griechen und einen Türken. Der eine kochte, der andere war der Gärtner – aber manchmal war es auch umgekehrt. Die großzügige Haltung ihres Herrn nutzten die beiden manchmal schamlos aus. Humphrey ließ sich bis zu einem gewissen Grad von seinen Leuten übers Ohr hauen, aber nur bis zu einem gewissen Grad. So lässig, wie er wirkte, hatte er alles unter Kontrolle und amüsierte sich köstlich über die Versuche seiner Dienerschaft, ihn reinzulegen.

Ich liebte Hum, er war ein Mann voller Charme und Selbstironie. Auch er schloß mich gleich in sein Herz. Seine Einladung zum Lunch in sein Haus werde ich nie vergessen: Der Tisch stand draußen auf dem üppigen Rasen, serviert wurde mit weißen Handschuhen. Pompös, wie eine Kostbarkeit, wurden Sardinen auf einem Salatblatt gereicht, gefolgt von Lammkoteletts, die etwas verbrutzelt waren und leicht versalzenen Kartoffeln. Anschließend gab es eine süße, wabbelige Masse, die sich als Pudding herausstellte. Käse, türkischen Kaffee – alles mit weißen Handschuhen. Nachts, so erzählte man sich, legten die Diener ihre weißen Handschuhe und noch einiges mehr ab, um ihrem Herrn die Genüsse der Liebe zu servieren. Wenn die Navy da war, schnappte Hum sich manchmal einen süßen, kleinen Matrosen.

Eines Tages kam er mit einem seltsamen Vorschlag zu mir: »Lottie, Darling, willst du mich heiraten?« – »Wie bitte?!« Irgendeine Erbtante hatte von ihm verlangt, er solle endlich heiraten, dann würde sie ihm ihr gesamtes Vermögen hinterlassen.

»Wir sind doch Freunde«, meinte Hum, »du machst, was du willst, und ich mache, was ich will. Was sagst du dazu?« Lachend lehnte ich ab: »Humphrey, du bist doch reich genug. Wozu brauchst du das Geld deiner Tante? Und ich habe gerade meine goldene Freiheit zurückgewonnen.« Vielleicht bin ich dumm gewesen. Zwei Jahre später kam Humphrey Bourne bei einem Autounfall in der Türkei ums Leben. Ich wäre eine sehr reiche Witwe geworden. Aber – no regrets! Viele aufregende Erlebnisse standen mir noch bevor. Ich genoß meine Unabhängigkeit in vollen Zügen.

Unbemerkt von den Ladies und Sirs bis hinauf zum Government House legte sich ein dunkler Schatten auf die Sonneninsel, auf die Sorglosigkeit ihrer britischen Bewohner. Plötzlich tauchte, in blauer Farbe frisch an die Häuserwände gepinselt, überall der Slogan auf: Enosis – Vereinigung mit Griechenland! Tod den Engländern, Tod den Verrätern!

Die griechisch-zypriotische Bevölkerung veränderte sich merkwürdig, besonders die Jugend. Verschwunden war die Freundlichkeit, die Heiterkeit. Mürrisch, aggressiv und finster blickten sie drein, die jungen Mädchen und die jungen Männer. Was war los? Flugblätter mit bedrohlichem Text wurden verteilt: »Wehe dem, der nicht mitmacht, die Insel vom Joch der Engländer zu befreien.« Ihm drohte die höchste Strafe, der Tod! Vereinzelt hatte es zuvor schon Diskussionen über Enosis gegeben – aber in sehr milder Form. Warum? wunderte ich mich. Ging es den Inselbewohnern nicht gut? Hatte nicht jeder dritte einen Bruder in England, ein Restaurant in London, ein Haus? Außerdem besaßen alle Zyprioten die englische Staatsangehörigkeit und konnten die damit verbundenen Vorteile im Commonwealth nutzen. Es ging ihnen blendend. Ich verstand dieses Befreiungssyndrom nicht. Zunächst nahm auch niemand solche griechisch-patriotischen Anwandlungen ernst, am wenigsten die englische Regierung, die langsam aber sicher in eine Katastrophe hineinschlitterte.

Ich muß etwas zu der politischen Situation der damaligen Zeit sagen. Die meisten deutschen Touristen, die so fröhlich nach Zypern fahren und die Teilung in griechisches und türkisches Gebiet für selbstverständlich halten, wissen nicht, welche tragischen Ereignisse diese Teilung bedingt haben.

Zypern war für England von großer militärischer Bedeutung: als Stützpunkt für Flotte, Luftwaffe und Army. Das war es, was England auf Zypern hielt – keineswegs wirtschaftliche Interessen. Zunächst einmal ging alles ganz friedlich zu. Die militärische Polizeigewalt wurde, als ich nach Kyrenia zog, von einem Offizier im Range eines Majors ausgeübt: Paddy, oder besser Patrick, war Ire, ein ganz reizender Kerl. Wie er den Octopus liebte! Regelmäßig kam er mit seiner hübschen Freundin Florence – halb Ägypterin, halb Französin – und saß an meiner Bar. Immer wieder bedrängte er mich: »Lotti, Darling, du mußt dein In Bounds bekommen.« In Bounds bedeutete, zugelassen zu sein für den Besuch von Militärangehörigen. Es gab Zulassungen für »Officers only«, »Sergeants and above« und »Other rangs«. Paddy riet mir, »Officers only« zu beantragen. »Aber warum, Paddy?« Das widerstrebte meinem demokratischen Prinzip! Warum diese radikale Trennung? »Lotti, Darling, glaube mir, die Armee weiß schon, was sie tut. Du bekommst Scherereien. Wenn Alkohol im Spiel ist, können sehr unangenehme Situationen entstehen. Ressentiments kommen hoch, Beleidigungen, Aggressionen – und dann folgt ein Court Marshal, ein militärisches Gerichtsverfahren. So etwas kann und muß man vermeiden.« – »Ja, ja, Paddy ...«

Immer wieder schob ich den Antrag hinaus, bis er eines Abends in den Octopus kam. Er sah müde und abgespannt aus! »Was ist los, Paddy?« – »Lotti, ich gehe. Ich werde versetzt. An meine Stelle wird ein neuer Provost Marshal treten, ein Colonel. Ich sage dir, ein Aas, ein ganz strikter, rigoroser Kerl. Du mußt das In Bounds haben, sonst schließt er dir die Bude.« – »Dann werde ich eben nur Zivilisten als Gäste haben!« trumpfte ich auf. »Lotti, sei doch nicht so dickköpfig! Wir werden Lokale wie den ›Octopus‹ brauchen. Und außerdem bekomme ich eines auf den Deckel, weil der ›Octopus‹ die ganze Zeit keine Genehmigung hatte. Ich bin doch selber dein ständiger Gast gewesen. Willst du, daß ich trouble bekomme?« Paddy, mein liebenswerter Paddy! »Nein, natürlich nicht.« Aber bevor ich dazu kam, meinen Antrag auf »Officers only« zu stellen, hatte Paddy die Insel schon verlassen, und der neue Provost Marshal, Colonel Huber, trat sein Amt an.

Endlich, endlich hatten die Engländer mitbekommen, daß etwas faul im Staate Dänemark, pardon, auf der Insel Zypern war. Der damalige Gouverneur, Sir Robert Armitage, war von einer besonderen Blauäugigkeit: »Für griechische Zyprioten ist es ein besonderes Bedürfnis, nach Enosis zu rufen«, meinte er sorglos. »Aber sie wissen auch, wieviel sie verlieren werden, wenn sie sich mit ›Mutter Griechenland‹ vereinen. Außerdem empfinden die Griechen wirkliche Zuneigung für die Briten.« Da hatte er recht. Und politisch hätte dieser Schrei nach dem Mutterland nie wirklich ernste Konsequenzen gehabt, wenn Erzbischof Makarios III. und Georgios Grivas, ein auf Zypern geborener Offizier der griechischen Armee, sich nicht berufen gefühlt hätten, diese Forderung in ihre machthungrigen Hände zu nehmen. Ich will nur kurz darauf eingehen, wie Grivas und Makarios die Insel in einen Hexenkessel des Hasses verwandelten. Denn das betraf ja auch mein Leben.

Im Jahre 1878, nachdem Zypern über 300 Jahre den Türken gehört hatte, traf der Sultan Abdul Hamid II. ein Abkommen mit Queen Victoria: Er stellte den Engländern die Insel als militärischen Stützpunkt zur Verfügung und überließ ihnen zugleich die Verwaltung. Als Gegenleistung verlangten die Türken die Unterstützung Englands gegen die von ihnen gefürchteten Russen. Die Insel blieb aber weiterhin unter der Herrschaft der Türken. Als diese im Ersten Weltkrieg 1914 an Deutschlands Seite gegen die Briten kämpften, annektierte England sie kurzentschlossen.

1915 boten die Engländer Griechenland die Insel an, unter der Bedingung, daß Griechenland den von den Bulgaren unterdrückten Serben militärisch helfen sollte. Griechenland lehnte den Deal ab, und so blieb Zypern eine britische Kolonie. Wie froh waren die Griechen der Insel, die brutale türkische Herrschaft losgeworden zu sein. Enthusiastisch hißten sie zur Begrüßung ihrer neuen Herren den Union Jack. Sie hatten auch jeden Grund, erleichtert zu sein. Die Briten überließen das Schulwesen den griechischen Lehrern und Priestern. Es wurde griechisch gesprochen und gelehrt – was später ausgenutzt wurde, um gegen die britische Kolonialherrschaft zu hetzen. Die Briten taten viel für die Insel, sorgten unter anderem für Bewässerungsanlagen und befreiten das Land von der Moskitoplage. Aber der Mensch lebt nicht vom Brot allein. Da waren die großen Emotionen, mit denen die Regierung nicht gerechnet hatte. Trotz aller Privilegien suchte die griechisch-zypriotische Jugend nach ihrer eigenen Identität. Sie fühlte sich den Engländern gegenüber zweitklassig. Verwundetes Selbstbewußtsein, verletzter Stolz – das sind die Ansatzpunkte für Führer, besser gesagt für Verführer, um sich ein ganzes Volk hörig zu machen.

Wer aber war Georgios Grivas oder – wie er sich selbst nannte – Dieghenis, der Führer? Er war der Initiator der grausamen Kämpfe, die unter dem Namen EOKA auf der Insel stattfinden sollten. EOKA sind die griechischen Initialen für die »Nationale Organisation zypriotischer Kampfgruppen«. 1898 wurde Grivas in dem zypriotischen Dorf Trikomo geboren. Damals war die Insel noch unter türkischer Herrschaft. Nach dem Abitur im griechischen Gymnasium ging er nach Griechenland, um in der Royal Hellenic Military Academy von Athen eine militärische Karriere zu beginnen. Er hatte nach dem Zweiten Weltkrieg eine private Armee aufgestellt, um die Kommunisten im Lande zu bekämpfen, und zeichnete sich durch ungeheure Grausamkeit aus. Die griechische Armee distanzierte sich später von ihm und stellte ihn mit dem Rang eines Colonels aufs tote Gleis.

Dieser ehrgeizige, fanatische Mann suchte nach einer neuen Tätigkeit. In Zypern fand er die Gelegenheit dazu. Am 9. November 1955 fuhr ein Motorboot von Rhodos nach Zypern. In der Nähe von Paphos sprang ein kleiner, drahtiger Mann von Mitte Fünfzig an Land. Grauer Schnurrbart, glühende schwarze Augen – eine Mischung aus Groucho Marx und Hitler. Eigentlich sah er mehr wie Groucho Marx aus, aber zu lachen gab es bei ihm weiß Gott nichts. Georgios Grivas war gekommen, um Mord und Elend über die Insel zu verbreiten.

Endlich hatte die englische Regierung begriffen, daß etwas geschehen mußte. Grivas mußte unschädlich gemacht werden. Aber wo war er? Die Engländer fingen an, ihn zu jagen. Generäle, Stabsoffiziere, die Luftwaffe, die Navy, der Geheimdienst – alle suchten wie besessen nach Grivas. Vergebens! Immer wieder entschlüpfte er ihnen. Mord und Bombenanschläge gehörten zum Alltag, immer neue Greueltaten, ein paar läppische Verhaftungen – aber Grivas blieb mysteriöserweise unsichtbar.

Frei nach ›The Scarlet Pimpernel‹, einem Film der vierziger Jahre, habe ich ein Lied über ihn geschrieben:

Sie suchen ihn hier,
sie suchen ihn dort.
Sie jagen ihn in einem fort.
Doch er reibt sich nur die grausamen Hände.
Sein Spott und Töten finden kein Ende.

Sie suchen ihn hier,
sie suchen ihn dort.
Seine Spur ist gepflastert mit blutigem Mord.
Es jagt ihn eine ganze Armee
und findet ihn nicht.
O Schmach, das tut weh!

Sie suchen ihn hier,
sie suchen ihn dort.
Verdammt, wo ist Grivas?
Schon wieder ein Mord!

Teils freiwillig, teils unter Druck folgte die griechische Bevölkerung dem Kampfruf Grivas': »Raus mit den Engländern!« Erst als es längst zu spät war, erkannte so mancher, auf was er sich eingelassen hatte. Seine Auflehnung gegen Grivas mußte er dann mit dem Leben bezahlen. Zunächst aber einmal entzückte Grivas die griechischen Inselbewohner mit seinem Mut, seinen bravourösen Taten – immer wieder gelang es ihm, den Engländern ein Schnippchen zu schlagen.

Grivas war ein Meister der Verkleidung. Man erzählte sich die phantastischsten Geschichten über ihn: Einmal hatte Sir John Harding, einer der Gouverneure der Insel, einer alten Bauersfrau die Hand geschüttelt – es hieß, daß es Grivas gewesen sei. Als Priester oder als Bettler verkleidet, soll er durch die Ledra Street, die Hauptstraße Nikosias, spaziert sein. Angeblich spielte er in einem Dorf den Dorftrottel, und die gutmütigen britischen Soldaten schenkten ihm Zigaretten. Alle lachten schadenfroh über diese Geschichten. Waren sie wahr oder erfunden? Jedenfalls machten diese abenteuerlichen Stories aus Grivas einen modernen Robin Hood. Die Jugend war glücklich – noch. Jetzt hatte sie ihren griechischen Helden, nicht aus der Antike, sondern here and now!

Da war ich also in Kyrenia, mittenmang im Geschehen. Der Octopus wurde ein beliebter Treffpunkt der Offiziere, der Scots Guards, der Irish Guards, der Royal Engineers, der Luftwaffe, der Navy, der ... Die großen britischen Zeitungen schickten ihre Top-Journalisten nach Zypern, die ganze Fleet Street traf sich bei mir. Ich denke an William O'Connor, der unter dem Pseudonym »Cassandra« seine Leitartikel im ›Daily Mirror‹ schrieb. Nach seiner Zeit als Kriegsberichterstatter – nicht sehr beliebt bei den Deutschen wegen seiner scharfen anti-deutschen Artikel – kehrte er zum ›Daily Mirror‹ zurück und begann seinen ersten Leitartikel nach dem Krieg mit folgenden Worten: »As I was so rudely interrupted – nachdem ich so unhöflich unterbrochen wurde ...« Ein brillantes Beispiel englischen Understatements, ganz England freute sich darüber.

Über mich schrieb er Weihnachten 1958 einen Artikel, der große Furore machte: ›Lottie of Kyrenia‹. Nach Erscheinen des Artikels veranstaltete die Air Force eine Autorallye von Famagusta nach Kyrenia, um mich hochleben zu lassen: »Here she is, our Lottie of Kyrenia.« Drinks all round.

CASSANDRA

Lottie of Kyrenia

AS near as dammit six hundred million Christmas cards will have been transmitted through the mails of the General Post Office in this year of 1958 A.D.

I have received a goodly part of them.

Some of the more disturbing have come from Germany — a country that I have recently condemned in a massive way. I suppose the majority of the exchange postal missiles that I have received from the Reich have been sent in an ironical mood and I should recognise the sour joke.

CASSANDRA says:

"A girl in New York on a fierce Hellenic card asked me to remember how we had betrayed the Greeks in 1943."

One of them had the guarded good wishes of a Viennese priest. He said that the estrangement between England and Germany did in fact go right back to 1588 when we defeated the Armada and England's "consequent materialistic sense of self-aggrandisement has been responsible for all the ills which have since befallen the world."

So that's why Hitler did what he did.

✦ ✦ ✦

A boy from Swaffham in Norfolk wished me all the kindnesses he has from his pet toad named Harry.

A girl in New York on a fierce Hellenic card asked me to remember how we had betrayed the Greeks against the Germans in 1943.

Which I thought was a bit hard.

An Australian, whom I met in Hong Kong, said that he cherished the memory and looked forward to when he could join issue with me again in a gambling expedition in the Portuguese colony of Macao, three hours away.

Charlie Chaplin sent his kind regards. And so did P. G. Wodehouse.

But the best card of all, I think, came from Lottie. Now let me tell you about Lottie.

She is small. She has swept-back hair. She has sharp, aquiline features and has one of the most difficult jobs in all the world.

She keeps a bar called The Octopus in Kyrenia on the north coast of Cyprus, about twenty-five miles from Nicosia.

Now Lottie has seen hard times.

She came from the Kurfurstendam, which is the Piccadilly of Berlin.

She knew the fury and the violence of Hitler. She knew the racial hatred of all the Brown Shirt thugs of those days.

And they bunged her inside.

Now in this small seaside resort in Cyprus where the killers are abroad, where they plant pressure mines, where they shoot our women in the back, where our lads live wired-in and dangerous lives, Lottie, who has known it all before, sends out her welcome greetings.

Risk, excitement and hatred are abroad in this accursed island.

But Lottie sends up the signal of goodwill. Of all the cards in this crackpot

★

Christmas card warfare, I think that this shot from marooned Lottie may be the most welcome of them all.

● O Star of Eve

NO writer of the most ugly form of Science Fiction could ever catch up with the course of events of the latest satellite launched from Cape Canaveral by the Americans.

This device, whirling around the world at 17,000 miles an hour, squawks out recorded messages of goodwill from the President of the United States in exactly the same tones as Edison made on his first phonograph records.

The message is a tale of pacifism, but the scientists of Cape Canaveral were most careful to make sure that their gibbering spaceship was sent sideways round the world so that its signals of ever-loving peace were never transmitted directly overhead from points above the Soviet Union.

There now appear to be other good reasons why this latest international Star of Peace should not scream over the vast territories of Russia.

They are as follows:

With its automatic transmissions of goodwill towards all men, this four-ton satellite could easily be mistaken for a rocket complete with hydrogen warhead hurled without notice by Strategic Air Command against the Soviet Union.

So in the razor-edged diplomacy of our time, and with the infinitesimal warning time of only ten minutes on the radar screens that are eternally manned from Alaska to Okinawa, the satellite of goodwill might easily be mistaken for the ultimate weapon coming high and hot and strong.

Goodnight, peace-lovers.

Eines Morgens stattete ein Offizier der Militärpolizei im Range eines Majors dem Octopus einen Besuch ab, ein Schotte. Ich liebe die Schotten sehr, besonders, wenn sie das »R« so schön rollen. »Mrs Kingaby«, sagte er und sah sich suchend im Octopus um. »Where is your In Bounds?« – »Hab' keins«, antwortete ich, »have a drink, Major.« – »Mrs. Kingaby, der neue Provost Marshal besteht darauf, daß alle Hotels, Lokale und Bars ihr In Bounds haben. Übrigens, Ihres habe sich schon mitgebracht.» – »Ach!« Offensichtlich wußte man im Headquarters schon etwas über mich. Der Offizier holte das In Bounds aus seiner Tasche: »Officers only«. »Danke«, sagte ich. »Wo wollen Sie's hinhängen?« fragte mich der Major. »Ins Klo«, informierte ich den verdutzten Mann, »da geht doch jeder hin.« – »Hängen Sie's auf, wohin Sie wollen, Mrs. Kingaby. Die Hauptsache, es hängt, und ich bin es los. So, und jetzt möchte ich Sie einladen: Have a drink with me.«

Nun war ich natürlich schrecklich neugierig auf den Colonel, den neuen Provost Marshal der Insel, der den Ruf eines Durchgreifers, eines »no-nonsense-man« hatte. Ein Provost Marshal ist meistens sehr unbeliebt beim Militär, da er allen auf die Finger gucken muß – hinauf bis zum General. Tut er es nicht, ist er ein »schlappes Hemd«, tut er es, ist er ein »Aas«. »Wird der Colonel auch kommen?« fragte ich den Major. »Er ist sehr busy, aber ich bin sicher, daß ihm der Octopus sehr gefallen wird«, antwortete der Schotte galant. Eines Abends plauderte ich mit meinen Gästen – in einem schulterfreien, schneeweißen Kleid, die lange Zigarettenspitze lässig in der Hand. Die Bar war brechend voll mit bildschönen, schnuckeligen Offizieren, Kerzenbeleuchtung, Schmusemusik, das Zirpen der Zikaden, der Duft meines Parfüms vermischte sich mit dem Duft von Knoblauch, der von der nebenan liegenden Cafeteria herüberwehte. Plötzlich verstummte die angeregte Unterhaltung, und alle Köpfe drehten sich zur Tür. Bedeutungsvolle Blicke wurden gewechselt: Da war er, der neue Provost Marshal, Colonel Huber! Eine elegante Erscheinung, im weißen Dinnerjacket, die Hände lässig in die Jackentaschen gesteckt. Devot folgten ihm ein Major, ein Captain und ein Leutnant.

Wie eine Raubkatze glitt er auf dem roten Teppich auf die Bar zu. »Oh, well.« Er klemmte sich sein Monokel ins Auge. »Wie ich sehe, sind alle schon hier«, schnarrte er. »Aber wo ist Ihr In Bounds, Madam? Ich sehe es nirgends.« – »Oh ... hm ... over there, Sir.« Ich wies auf die Toilette. »Over there?« Colonel Huber ließ sein Monokel aus dem Auge fallen, fing es geschickt auf und steckte es wieder in seine Jackentasche. Mit unbeweglichen Mienen stand seine kleine Gruppe von Mitarbeitern hinter ihm. Dennoch glaubte ich, ein leichtes Grinsen im Gesicht des Leutnants zu bemerken. »Was für eine originelle Idee«, meinte Colonel Huber und ließ sich von dem schallenden Gelächter meiner Gäste nicht im geringsten beeindrucken. »Have a drink, Sir«, stammelte ich. Ja, er gefiel mir, dieser elegante, unerhört gutaussehende Mann. Er gefiel mir sehr. »Thank you«, lehnte er kühl den Drink ab. »Ich muß noch weitere Lokale besuchen.« Gefolgt von seinen Leuten strebte er wieder dem Ausgang zu. Kurz vor dem Verlassen des Lokals drehte sich der Leutnant noch einmal um und zwinkerte mir zu. Kaum war der Provost Marshal gegangen, als ein Sturm der Begeisterung losbrach: »Bravo, Lottie. Have a drink, let's all have a drink!« Es wurde eine wundervolle, besoffene Nacht.

Kyrenia füllte sich immer mehr mit Offiziersfamilien, und der Octopus wurde immer stärker Treffpunkt von Presse und Militär – sonst aber war in Kyrenia vorläufig noch nicht viel von dem Grivas-Terror zu spüren, der das Land drangsalierte. Man amüsierte sich, trank Cocktails, tratschte – und kleine und große Liebeleien unterbrachen die vornehme Langeweile.

Eines Tages legte eine weiße Jacht im Hafen an, direkt an der kleinen Landungsbrücke vor dem Octopus. Ihr entstieg ein Mann von etwa vierzig, vielleicht auch jünger, aber einen Ansatz zur Glatze hatte er schon. Es war der frisch gebackene Duke of Newcastle, ein entfernter Verwandter des gerade verstorbenen Duke. In Ermangelung anderer Familienmitglieder war er der einzige Erbe des Titels – und Junggeselle. Na, da war

XVI Berlin 1984: Im Tempodrom

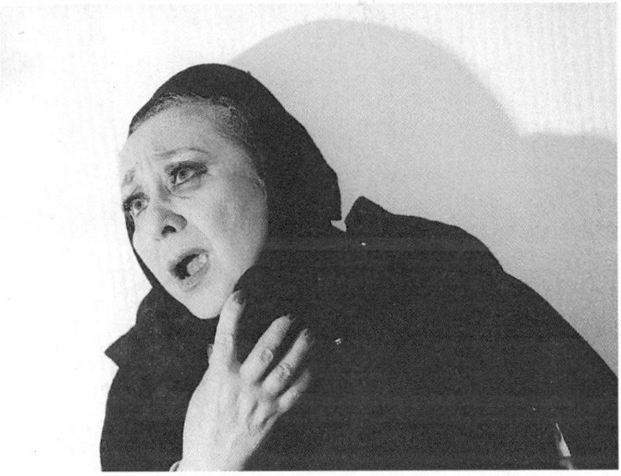

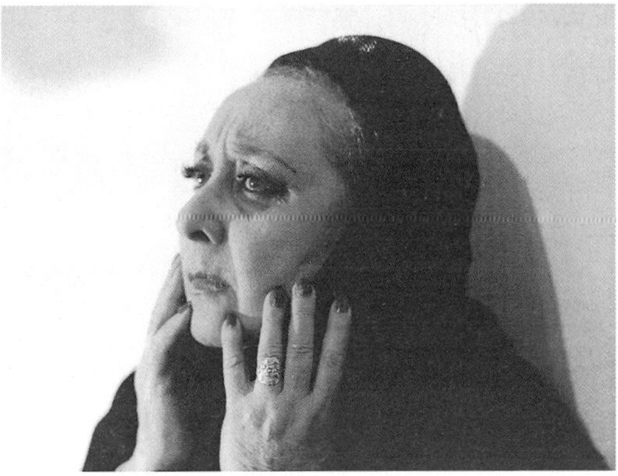

XVII Berlin 1987: Als Medea

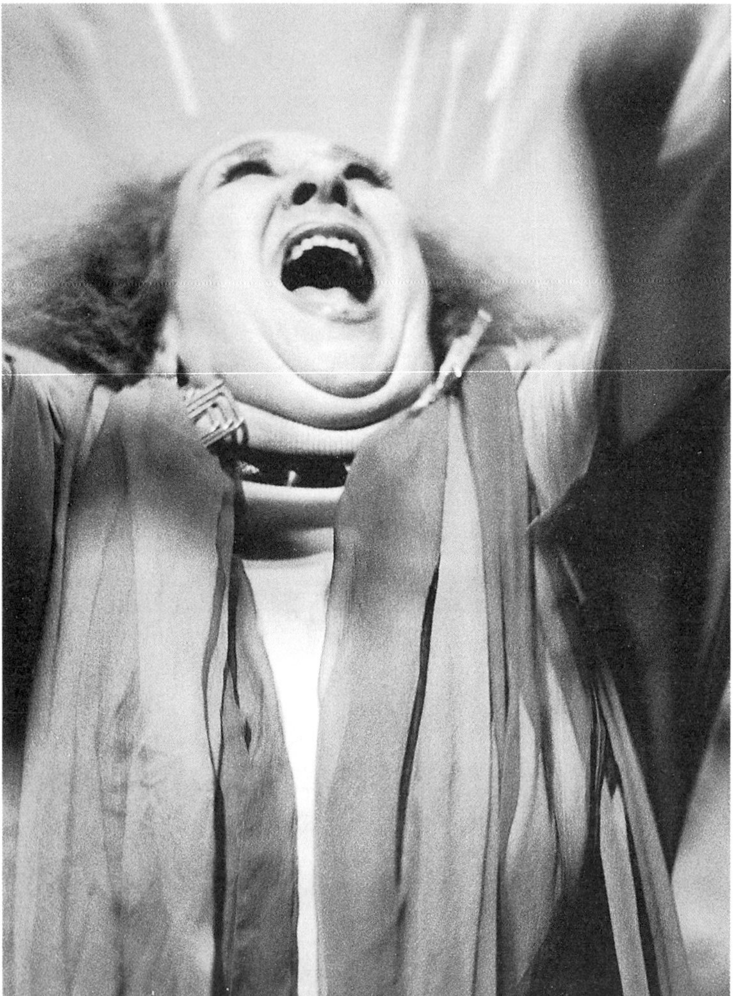

XVIII Berlin 1990: Ausdrucksstudie

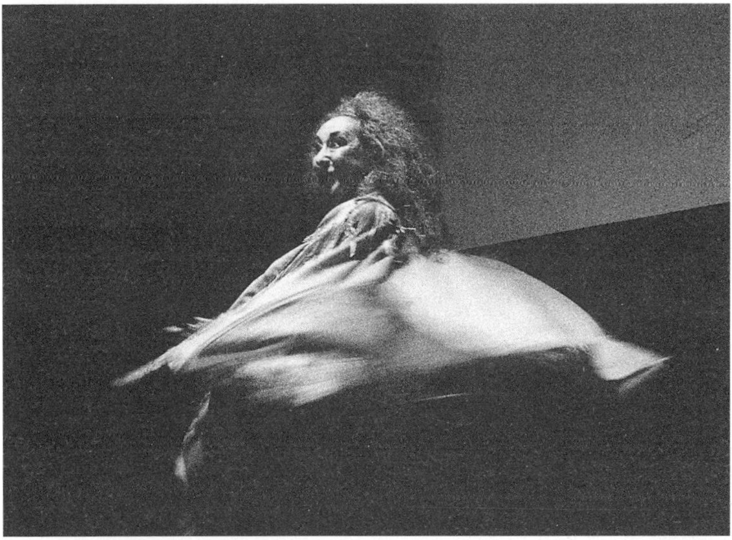

XIX New York 1988: Performance

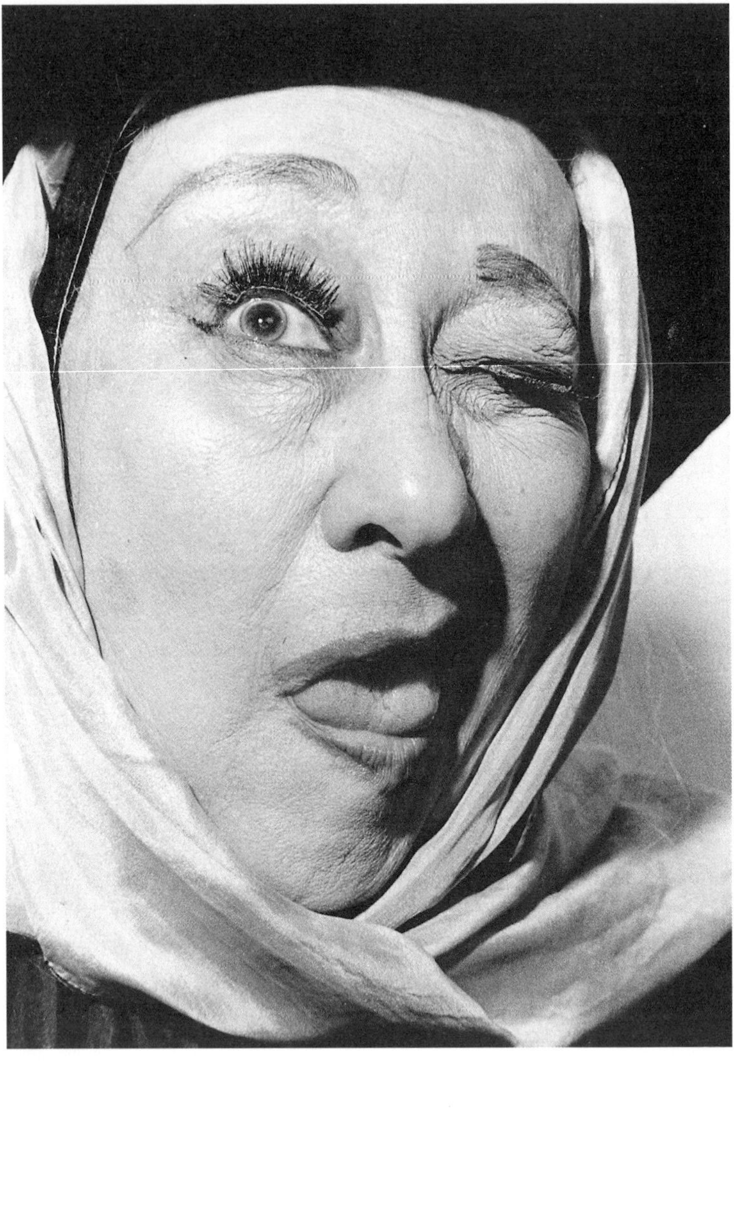

XXII Berlin 1984: In ›Horror Vacui‹

XXIII *oben* Berlin 1988: Mit Rosa von Praunheim auf dem Filmfest Berlin
unten Berlin 1988: In ›Anita Berber‹

XXVII Berlin 1987: Im Gespräch

xxx Berlin 1989: Im Studio Huber

was los! Unter den Argusaugen ihrer Mütter schwammen heiratsfähige Töchter in den reizvollsten Bikinis um die Jacht herum. Jede wäre gerne die Duchess of Newcastle geworden. Das Rennen machte Sally A., die attraktive Tochter eines Brigadiers, der in Kyrenia einen ziemlich versnobten Club unterhielt: Members only. Aber da gab es ein kleines Problem: Sally war schon verheiratet. Ihr Ehemann war ein gutaussehender Türke, ein Regierungsbeamter, den sie mehr aus Trotz ihren Eltern gegenüber geheiratet hatte. Nun langweilte sie sich in ihrer Ehe – bis der Duke erschien, dem sie ihre nicht unbeträchtlichen Reize vorführen konnte. Sallys Ehemann wurde mit ein paar tausend Pfund abgefunden und die Scheidung arrangiert. Sie nahm ihren entzückenden kleinen Sohn unter den Arm und entschwand mit dem Duke zunächst einmal nach Jamaika. Später sah ich in einer englischen Zeitung ein Bild von dem Paar, auf dem die frisch verheiratete Duchess sich eine Tiara aus dem Familienschmuck der Newcastles auf ihr hübsches Haupt setzte. Ja, solche Geschichten bereicherten natürlich die luxuriöse Eintönigkeit der Kyrenia-Gesellschaft.

Wieder legte eine große Luxusjacht an der Brücke des kleinen Hafens an. Zwei Deutsche – Hans, der sich stolz Kapitän nannte, und Kurt, sein Maat und, wie er behauptete, Adoptivsohn – hatten die Jacht von Captain Worthington von Cannes nach Zypern gebracht. Captain Worthington war der Erbe einer großen Bierbrauerei und Millionär. Jetzt war er zum persönlichen Adjutanten des Gouverneurs ernannt worden und nach Zypern gekommen. Er hatte Hans und Kurt am Kai von Cannes angeheuert. Ihre Vergangenheit blieb sehr undurchsichtig. Bedenkenlos – wie so oft bei reichen Leuten – hatte der Captain die beiden engagiert, ohne Näheres von ihnen zu wissen. Sie gefielen ihm einfach, stellten keine allzu großen Ansprüche, und außerdem hatten deutsche Seeleute in der ganzen Welt einen sehr guten Ruf.

Die beiden waren ein außergewöhnlich merkwürdiges Paar. Hans war um die fünfzig und, wie ich später erfuhr, ein Exkommunist, der mit Kurts Vater im Konzentrationslager gewesen war. Kurts Vater war dort gestorben und hatte seinem Freund

Hans das Gelöbnis abgenommen, sich um seinen kleinen Sohn zu kümmern. Inzwischen war Kurt ein junger Mann von 25 Jahren und bildschön. Zwischen den beiden Männern bestand eine unterschwellige Haßbeziehung. Kurt versuchte offensichtlich, sich von Hans zu lösen, und mußte dann hören: »Ich habe deinem Vater auf dem Totenbett versprochen, auf dich aufzupassen.« Wie oft werden doch Menschen unter dem Deckmantel selbstloser Fürsorge vereinnahmt, ausgenutzt und gefangengehalten.

Da lag sie nun, die Jacht von Captain Worthington, glänzte strahlendweiß in der Sonne und wurde von den Einwohnern bewundert und bestaunt. Die beiden Deutschen waren sich gar nicht bewußt, was auf der Insel vor sich ging, und beachteten Worthingtons Warnungen, vorsichtig zu sein, überhaupt nicht. Sorglos luden sie in Abwesenheit ihres Bosses junge griechische Zyprioten auf die Jacht ein. Resultat: eines Morgens eine dumpfe Explosion!

Unter dem Bauch der Jacht war von EOKA-Leuten eine Haftmine angebracht worden. Der gesprächige Hans hatte seinen zypriotischen Freunden erzählt, daß der Captain den Gouverneur und seiner Entourage zu einer Wochenendfahrt auf die Jacht eingeladen hatte. Die EOKA schlug zu. Glücklicherweise explodierte die Mine nicht auf See, sondern am Kai, als niemand an Bord war. Auch Hans und Kurt befanden sich an Land, um die letzten Einkäufe für das Picknick auf See zu tätigen. Im Nu war der Hafen voller Militärpolizei. Jeeps rasten herum, und Beamte von Scotland Yard besprachen, was zu tun sei. Captain Worthington brauste in seinem Jaguar aus Nikosia herbei. Alle starrten die auf der Seite liegende Jacht an. Endlose Fragen wurden gestellt: Hat jemand etwas gesehen? Sind ungewöhnliche Aktivitäten aufgefallen? Was sollte schon aufgefallen sein? Von morgens bis abends schwammen die jungen Zyprioten im Hafen herum, machten ihre Kopfsprünge von der Brücke, umkreisten bewundernd die Jacht. Was war daran schon außergewöhnlich? »Very good«, meinte der Captain cool, »ich wollte dem alten Mädchen« – so nannte er immer liebevoll seine Jacht – »schon lange einen neuen Motor einbauen lassen.«

Im Octopus überschlugen sich die Aktivitäten. Ich war in charge, versorgte die Navy, die hinzugezogen worden war, um das Schiff zu heben. Alle, die etwas mit der Jacht zu tun hatten – Elektriker, Mechaniker, Experten aller Art –, alle wurden im Octopus verpflegt. Das ging tagelang von morgens sechs bis spät in die Nacht. Ob sie Zigaretten verlangten oder Drinks – immer wurde mir gesagt: »This is on account of Captain Worthington. Er zahlt.« – »Okay, sign here.« Hans und Kurt schämten sich schrecklich und fürchteten, ihren Job zu verlieren. Aber der Captain war quietschvergnügt. »Never mind, boys. Next time you know better.« Wieder einmal diese herrliche britische Gelassenheit!

Die Reparaturen näherten sich ihrem Ende. Berge von Rechnungen häuften sich in einem riesigen Kochtopf, den meine Mutter wie ein Schießhund bewachte. Würde Captain Worthington bezahlen? Natürlich bezahlte er, küßte zum Abschied meiner Mutter galant die Hand, die während der ganzen Zeit aus ihren »Um Gottes willen« nicht herausgekommen war. An einem heißen Sommertag morgens um fünf nahm die Jacht Abschied von Kyrenia und fuhr mit Hans und Kurt nach Famagusta. Ein letztes Frühstück, ein letztes Bier, ein letztes Winken: »Auf Wiedersehen, Hans – mach's gut, Kurt.« Erschöpft schloß ich die Tür und fiel auf eine der gepolsterten Bänke. »Puh!« Ich schlief, bis meine treue Helena durchs offene Fenster schaute und mich dort entdeckte. »Madam, Madam! Sind Sie krank?« – »Nein, nur müde, todmüde.«

Eines Abends kam er wieder herein in den Octopus: der Provost Marshal Colonel Huber. Diesmal allein. »How are you?« fragte er freundlich und klemmte sich sein Monokel ins Auge. »Have a drink with me, my dear.« Ich war sprachlos, entzückt. »Aber nur, wenn Sie auch einen von mir akzeptieren«, sagte ich mit Herzklopfen. Wie er mir gefiel, dieser Colonel! Ich ergriff seine Hand und merkte, daß sie leicht zitterte. »Hätten Sie Lust, zu mir zum Tee zu kommen?« ging ich zur Attacke über. »Äh, yes.« Er ließ das Monokel wieder in seine Jackentasche gleiten. »Ich bin sehr, sehr busy, my dear. Trotzdem, danke für die Einladung.« – »Also was ist? Werden Sie kommen?« – »Äh ... ich werde Sie anrufen«, wich er aus. »Have another drink, my dear.« Noch immer hielt ich seine Hand in meiner.

Mit mißbilligenden Blicken beobachtete meine Mutter uns aus ihrer Lieblingsecke. Auch Andrew, unser kleiner Schatz, der in Windeseile wuchs und jetzt schon 16 Jahre alt war, registrierte alles mit finsterer Miene. »Laß die Finger von dem Colonel«, sagte meine Mutter. »Er hat einen gefährlichen Job, das kann nicht gutgehen. Mach ihn nicht unglücklich!« Andrew nickte zustimmend. Wieso unglücklich? Ich wollte ihn und mich unerhört glücklich machen. »Bitte kümmere dich um deine Angelegenheiten«, fuhr ich meine Mutter an. »Und du, Andrew, halt die Klappe!« – »Aber ich habe doch gar nichts gesagt, Madame Lotti«.

Die beiden! Sie beobachteten mich von hinten und von vorne, saßen in der Küche zusammen und tratschten. »Madame Goldmann, verbieten Sie Madame Lotti, im Bikini zu baden«, bearbeitete Andrew meine Mutter. Sie machte einen zaghaften Versuch: »In deiner Position ...«, begann sie. »Ich habe genug von euch beiden!« schrie ich. »Ich schmeiß' euch raus!« – »Oh, oh! Spricht man so mit seiner Mutter!« rief Andrew. Na, der Kleine schien sich ja gut zu entwickeln.

Aber etwas viel Schlimmeres ging vor sich. Ich bemerkte, wie Andrew von Tag zu Tag immer verschlossener wurde. Hatte auch er den EOKA-Schwur geleistet? Er konnte ja nicht anders – ganze Schulklassen leisteten ihn. Unter anderem hieß es: »Ich schwöre im Namen der heiligen Dreieinigkeit, daß ich mit meiner ganzen Kraft für die Befreiung Zyperns von dem Joch der Engländer kämpfen werde, und wenn es mein Leben kostet. Sollte ich den Schwur jemals brechen, verdiene ich die höchste Strafe als Verräter. Ewige Verdammnis möge mich treffen.«

Eines Tages kehrte Andrew nicht aus seinem Dorf zurück, in dem er immer seinen freien Tag verbrachte. Die englischen Soldaten hatten das Dorf umzingelt und alle männlichen Bewohner verhaftet – unter ihnen auch Andrew. Ich rief einen befreundeten Sicherheitsbeamten an: »Laßt sofort Andrew frei, ich brauche ihn im ›Octopus‹.« – »Lotti«, riet mir mein Freund, »laß Andrew ruhig ein paar Tage im Lager schmoren. Wenn wir ihn jetzt freilassen, werden ihn die EOKA-Leute für einen Verräter halten und umlegen.« Er hatte recht: Es bedurfte nur eines geringen Verdachts, um den Beschuldigten auf Befehl von Georgios Grivas zu liquidieren. Grivas erteilte seine Befehle von irgendwoher. Die meisten seiner Mitkämpfer bekamen ihn nie zu Gesicht, aber sie fühlten seine Präsenz überall. Seine Befehle wurden mit Kadavergehorsam befolgt.

Es war erstaunlich, daß der Harbour Club und der Octopus von Bombenanschlägen verschont blieben. Kyrenia – so hieß es – wurde wie eine »Mini-Schweiz« behandelt, wo sich Freund und Feind eine Angriffspause gönnen konnten – und wo die EOKA auch manchmal wichtige Informationen auffing. Beide Bars waren voller Offiziere, die unter dem Einfluß von Alkohol manchmal lautstark über etwas sprachen, was besser ungesagt geblieben wäre. Aufmerksam hörten die Kellner zu. Auch verschwand ab und zu ein Revolver, der unachtsam auf einen Tisch gelegt worden war.

Da kam ein unerwarteter Anruf: »Lotti?« – »Yes, yes!« Es war Colonel Huber. Ob die Einladung zum Tee noch gültig sei, wollte er wissen. »Oh, yes!« Er kam in meine Wohnung. Aufgeregt hatte ich den Tisch gedeckt. English Tea vorbereitet, dazu hauchdünne Gurken-Sandwiches à l'Anglaise. Crèmetörtchen, Muffins. Zufrieden schaute ich mein Werk an. Noch einen Tropfen Parfüm hinters Ohr, es klingelte, und er war da. Wir unterhielten uns über dies und das, tranken Tee, und er lobte mein Gebäck. Aber die von mir so sehnsüchtig erwartete Annäherung fand nicht statt. Na, dachte ich, das ist eben die feine englische Art. Wahrscheinlich braucht er Zeit. Nach zwei Stunden erhob er sich, erklärte mir, daß es für ihn ein anregender Nachmittag gewesen sei – und ging.

Als wir schon verheiratet waren, erzählte er mir, daß er den Geheimdienst von meiner Einladung informiert hatte und auf dessen Veranlassung zum Tee gekommen war. Handelte Madam etwa im Auftrag der EOKA, wollte man den Provost Marshal umlegen? Sollte ich ihn in meine Wohnung locken, wo unter meinem Bett schon EOKA-Leute auf ihn warteten? Was ich nicht wußte und was Colonel Hubers Zurückhaltung erklärte: In den Büschen vor meinem Haus hielt sich Militärpolizei verborgen, um in einem kritischen Moment hervorzustürzen und ihren Colonel zu schützen. Was für eine Geschichte! Wie man sich vorstellen kann, habe ich mich darüber unglaublich amüsiert. Aha, dachte ich, darum der Tee ohne Liebe. Der Colonel verschwand heil und unbeschädigt und wandte sich wieder mit Eifer und Inbrunst seinen Aufgaben zu.

Dann kam Weihnachten 1957. Ich schrieb Colonel Huber eine Postkarte: »Dear Colonel, da der Octopus am Weihnachtsabend geschlossen ist, haben mein kleiner Hund Whisky und ich gedacht, es wäre doch sehr nett, wenn wir den Abend mit Ihnen in meinem Apartment verbringen könnten. Ihre Antwort mit großer Erwartung entgegensehend – yours Lottie of the Octopus.« Aus der freudigen Erwartung wurde langsam eine Enttäuschung. Nichts rührte sich, bis ... Einen Tag vor Weihnachten läutete das Telefon wieder einmal stürmisch. Da erklang sie, die attraktive, einschmeichelnde Stimme des Colonels: »Ich würde gern kommen, wenn es noch recht ist.« Wunderbar! »Natürlich ist es recht«, flötete ich, »um 19 Uhr?«

Am Weihnachtsabend widmete ich mich der Zubereitung des Dinners, badete und zog mich dann verführerisch an. Der Colonel kam. Im dunklen Anzug, nach einem angenehmen Aftershave duftend, küßte er mich leicht auf die Wange und sagte etwas befangen – so schien es mir: »Happy christmas, my dear.« Er reichte mir eine kleine Schachtel, auf der ein Plastiktannenzweig klebte. Ich klimperte mit den Wimpern: »Oh, is that for me?« – »Yes, my dear.« Ich öffnete das Päckchen und fand darin sechs mit Cyprus-Spitze umhäkelte Taschentüchelchen. Na, dachte ich, nicht gerade sehr originell, aber warten wir's ab.

Nach der Rinderbouillon mit einem Schuß Madeira gab es Seezunge in Weißweinsauce. Die Art und Weise, wie der Colonel sie zerlegte, empfand ich als außerordentlich erotisch. Eine Ahnung von kommenden Genüssen sandte mir einen prickelnden Schauer über den Rücken. Es folgten gegrillte Tournedos, dazu Champignons, heiße Butter mit einem Schuß Cognac und leicht gebräunte Zwiebeln – alles auf einem Toast serviert und mit einem knackigen Salat. Dann gratinierte Bananen, mit Zukker bestreut und in Butter und Rum getränkt. Nach dem Mokka – mein Hund Whisky schnarchte schon vollgefressen in der Sofaecke – ergriff der Colonel meine Hand und fragte verhalten: »May I make love to you, my dear?« Fast hätte ich laut losgelacht, fand es aber auch richtig entzückend. »You may«, hauchte ich, »du darfst.«

Ich verschwand im Badezimmer, zog mich aus und streifte mir das schwarze, mit Goldfäden durchzogene Chiffon-Nachthemd über, das mir eine Stewardeß aus Hongkong mitgebracht hatte. Im »moment critique« wollte ich es blitzschnell wieder ausziehen. Als ich ins Schlafzimmer kam, lag mein Colonel schon splitternackt im Bett. Er breitete seine Arme aus: »Come, darling. Please call me Norman.« Es wurde eine wundervolle Nacht, der noch viele weitere folgen sollten. »Kommst du bald wieder?« fragte ich ihn, als er morgens in sein Auto stieg und nach Nikosia zurückfuhr. »Sobald ich kann, Darling«, sagte er, »aber es gibt für mich schrecklich viel zu tun, wie du dir denken kannst.«

Niemand durfte wissen, daß der Provost Marshal eine Affäre mit mir hatte. Es hätte gefährliches Aufsehen erregt, besonders bei seinen Vorgesetzten und auch bei der EOKA. Man wunderte sich, wie oft der Provost Marshal jetzt in Kyrenia auftauchte. Als er wieder einmal spät abends im Octopus an der Bar saß, sagte ein Offizier der Air Force zu mir: »Lotti, paß auf! Dieser Provost Marshal bespitzelt dich. Wenn du nicht vorsichtig bist, wird er dir was anhängen.« Wenn du wüßtest, wie wundervoll das ist, was mir der Colonel anhängt, dachte ich und konnte mir das Lachen kaum verkneifen. Norman besaß einen Schlüssel zu meinem Apartment. Wenn ich nach Hause kam, lag er schon längst in meinem Bett.

Aber allmählich sickerte sie doch durch, die Romanze des

Colonels mit »Lottie of Kyrenia«. Man belächelte die »pikante« Affäre – naja! Geschockt waren die englischen Klatschtanten erst, als im ›Cyprus Mail‹, kurz bevor die Kämpfe der EOKA sich ihrem Ende näherten und damit auch das Ende der Tätigkeit des Provost Marshal auf der Insel abzusehen war, eine kleine Annonce erschien: »I, Mrs. Kingaby, change my name by deed poll from Kingaby to Huber – hiermit ändere ich meinen Namen von Kingaby in Huber.« Nach englischem Gesetz war es möglich, daß man seinen Namen für eine relativ geringe Summe ändern und diesen Namen zusätzlich in den Paß eintragen lassen konnte. Colonel Huber, mein zukünftiger Mann, war auf diese Idee gekommen, da seine Scheidung noch nicht »absolut« war. Das war auch so eine Sache im englischen Recht: Die ausgesprochene Scheidung wurde damals erst nach zwei Jahren rechtskräftig und »absolut«, um den Eheleuten die Möglichkeit zu geben, eventuell doch zusammenzubleiben. Durch die Namensänderung konnten wir schon jetzt als »Colonel und Mrs. Huber« in der Öffentlichkeit auftreten. Diese Regelung sollte sich später in London als sehr praktisch erweisen: Wenn Norman zu pompösen Cocktailpartys eingeladen wurde, war es selbstverständlich, daß man Mrs. Huber mit einlud.

In Zypern folgte ein Sommer auf den anderen. Vier Jahre lang wurde die paradiesische Insel durch Aktivitäten der EOKA gequält. Die Ledra Street wurde zur »murder-mile«: In der Hauptgeschäftszeit, wenn die britischen Frauen ihre Einkäufe tätigten, fielen plötzlich Schüsse. Ich sah eine Engländerin schwer verwundet auf dem Pflaster liegen. Das Hochzeitskleid, das sie gerade für ihre Tochter gekauft hatte, färbte sich mit Blut. Plötzlich war die Straße leer, die Geschäfte wurden geschlossen. Nicht einmal ein Glas Wasser brachten die sonst so liebenswürdigen Griechen der Schwerverwundeten. Ein griechisch-zypriotischer Journalist, der stets als erster bei einem Mord zur Stelle war, um darüber groß in seiner Zeitung zu berichten, entpuppte sich als der Mörder. Nach dem Anschlag warf er einem jungen Mädchen die Waffe zu. Sie steckte die Pistole in ihre Tasche und verschwand unbemerkt in dem aufkommenden Chaos. Er hatte eine ganze Reihe von Anschlägen verübt, bis er verhaftet wurde.

Die Türken wurden immer unruhiger. Was würde mit ihnen geschehen, wenn Grivas die Enosis, die Vereinigung mit Griechenland, erreichte? Sie waren zu jener Zeit eine Minderheit von etwa zwanzig Prozent. Wie würde ihr Schicksal unter einer griechischen Regierung aussehen? 1957 erschien ein Artikel in der türkischen Zeitung ›Halkim Sisi‹, in dem erklärt wurde, daß die Türkei, nur vierzig Meilen von Zypern entfernt, ein weit größeres Anrecht auf die Insel habe als das tausend Meilen entfernt liegende Griechenland. Die Fronten verhärteten sich, und bald war auch »Zypern den Türken!« an den Häuserwänden zu lesen. Viel Blut sollte noch zwischen beiden feindlichen Parteien fließen.

Das Leben in Kyrenia ging relativ sorglos weiter. Hin und wieder hörten wir das entfernte Krachen einer explodierenden Bombe. Manchmal wurde die Ruhe durch englische Soldaten gestört, die von den Bergen, von Throodos, herunterkamen. Wilde Burschen! Wütend, enttäuscht, gedemütigt von ihren Mißerfolgen, waren sie bereit, alles kurz und klein zu schlagen. »Verschwindet«, rief ich meinem griechischen Personal zu, »verschwindet! Ich schaffe das schon alleine.« Und so thronte ich hinter der Bar und empfing meine aggressiven Gäste mit einem strahlenden Lächeln. Maschinengewehre wurden auf die Tische geknallt, lautstark wurde nach Drinks gegrölt. »He du«, fragten sie mich, »bist du griechisch oder türkisch?« – »Weder noch«, antwortete ich. »I am as British as you are.« Na ja, auf gewisse Weise war ich es ja. Oh, immer wieder diese Probleme mit der nationalen Zugehörigkeit! Wie sang doch Marlene Dietrich so schön: »Ich weiß nicht, zu wem ich gehöre ... am Ende gehör' ich nur mir.«

»Jungs«, sagte ich wieder einmal, »the first drink is on the house.« Alles ging gut, bis ein besonders Schlauer sich eine Flasche Whisky aus dem Regal klaute und sie unter dem Gelächter seiner Kameraden in seine Jacke schob. So, jetzt kam's darauf an – to be or not to be. Wie konnte ich die Situation retten? Würden sie sich nun alle auf die Flaschen in den Regalen hinter der Bar stürzen? »Wonderful, bravo«, sagte ich ganz ruhig und klatschte bewundernd in die Hände. »Look at him! Ist er nicht mutig, ist er nicht tapfer? Klaut einer alleinstehenden Frau eine Flasche Whisky. Bravo!« Wieder applaudierte ich lautstark. Betretenes Schweigen. »Eh«, sagte einer, »put that bottle back – stell die Flasche zurück!« Oh, meine Engländer, wie ich sie dafür liebe! Das ist die feine englische Art, immer fair play. Ich war begeistert: »Drinks on the house! Noch 'ne Runde!« Wir schieden als Freunde.

Da sich die brutalen Ereignisse immer mehr häuften, entschlossen sich manche Engländer, die schon lange Jahre auf Zypern wohnten, schweren Herzens, die Insel zu verlassen. Mein Freund Sigmund P., der Maler, erschien eines Tages im Octopus, drückte mir eine kleine antike Statue in die Hand und sagte: »I am off – ich gehe. Das mache ich nicht mehr mit.« Er ging nach Positano in Italien, wo er sich ein wunderschönes Haus kaufte.

Im Jahr 1956 – parallel zu den Kämpfen auf Zypern – machte ein anderes politisches Ereignis die Insel zum Mittelpunkt militärischer Aktivitäten: Suez, die berühmte Suez-Krise. Nasser, der damalige Präsident Ägyptens, hatte eine Blockade gegen alle Schiffe verhängt, die aus Ländern kamen, die mit Israel in Verbindung standen: Frankreich, England und natürlich Israel konnten den Suezkanal nicht mehr benutzen. Ein unerhörter Affront, da Ägypten sich ja mit keinem dieser Länder im Kriegszustand befand. Man beschloß, die Blockade zu brechen. Zypern war auf einmal voll von französischen Fallschirmjägern, les Paras, waghalsige Teufel. Die englischen Fallschirmspringer waren nicht minder draufgängerisch.

Der Octopus war Treffpunkt aller. Wie lustig war es zu beobachten, wie Engländer und Franzosen miteinander umgingen. Die Engländer stotterten auf französisch, die Franzosen bemühten sich, englisch zu radebrechen. »Voulez vous«, begann ein Wing-Commander und unterbrach sich dann ungeduldig: »To hell! Have a drink, old boy.« – »... 'ave a drink – no?«

lud ihn seinerseits sein französischer Gegenpart ein. Es war köstlich! Die Franzosen tranken »le Visky«, während die Engländer »un petit verre de vin« akzeptierten. Französischen Wein, versteht sich.

Eine große Enttäuschung für die Engländer waren die Französinnen: die Telefonistinnen, die Radio-Technikerinnen, die Sekretärinnen. Sie hatten ganz andere Vorstellungen von einer Französin. Wo war die berühmte Feder im Arsch à la Folies-Bergère? Was da ankam, waren ganz brave, ungeschminkte, provinzielle Frauen, die im Gegensatz zu den Engländerinnen kaum rauchten und tranken. Reserviert saßen sie an ihren Tischen und tranken ihren Café au lait.

Colonel Huber war im Zweiten Weltkrieg unter anderem in Afrika der englische Verbindungsoffizier zu den Franzosen gewesen. Er sprach ein hervorragendes Französisch und wurde nun wieder für »Liaison-Dienste« mit den Paras eingesetzt. Das freute ihn, denn er war ein begeisterter Frankophiler. »Darling, for me you are the nearest to a french woman«, stellte er fest, wenn er mir ein großes Kompliment machen wollte. Wenn ich an die Französinnen dachte, die immer im Octopus saßen, war ich von diesem Kompliment gar nicht begeistert.

Der Octopus hatte einen ausgezeichneten Ruf als Restaurant. Gutes Essen ist für die Franzosen fast so wichtig wie faire l'amour. Eines Morgens erschien der Adjutant von General Gile, dem Kommandanten der französischen Paras. Nach einer Konferenz im Dom-Hotel in Kyrenia wünschte »mon Général«, mit seinen und den englischen Offizieren im Octopus zu speisen. Anhand eines alten französischen Kochbuchs stellte ich die Speisefolge zusammen. Der Tag kam. Der General, ein kleiner, drahtiger, grauhaariger Mann, setzte sich mit seinen Offizieren und seinen englischen Gästen zu Tisch. Während des Essens erschien meine Mutter und rief mir etwas auf deutsch zu. Fast wäre der General aus seiner Uniform gesprungen. Wie ich später erfuhr, war er ein fanatischer Deutschenhasser. Ein vernichtender Blick traf meine Mutter und mich. Gleich nach dem Essen stand der General abrupt auf – ohne Abschied, ohne sich zu bedanken. Begleitet von seinem Adjutanten, stieg er in den bereitstehenden Jeep und brauste davon. Na, wenn schon, dachte ich, meiner Kochkunst brauche ich mich wahrlich nicht zu schämen, und für die Schandtaten der Nazis war ich weiß Gott nicht verantwortlich!

Nachdem der General abgedampft war, atmete alles erleichtert auf. Runde um Runde wurde geschmissen, Wein und immer wieder Whisky flossen in Strömen. »Brüder, laßt uns Freunde sein!« Aber es passierte auch, daß der eine oder andere der französischen Fallschirmjäger mich für eine Griechin hielt. Dann flüsterte er mir hinter vorgehaltener Hand zu: »Bravo, gebt es ihnen – les roastbeef.« Das war einer der Spitznamen für die Engländer.

Die Suez-Krise war eine Katastrophe. Die Fallschirmjäger, die schon in Ägypten gelandet und auf dem Weg nach Kairo waren, die Engländer, die Franzosen, die Israelis wurden auf Befehl der USA zurückgepfiffen. Ich sah diese harten Männer heulen – ja, heulen vor Enttäuschung und Wut. Sir Eden, der Premierminister Englands, erlebte eine schwere Schlappe. Die USA drohten, daß England, Frankreich und Israel für einen nächsten Weltkrieg verantwortlich sein würden, wenn sie sich nicht umgehend aus Ägypten zurückziehen würden. Amerika befürchtete wohl, daß sich die UdSSR auf die Seite Ägyptens schlagen werde. Die Folgen wären nicht auszudenken gewesen. Böse Zungen behaupteten jedoch, daß es vielmehr Ölinteressen waren, die Amerikas Haltung bestimmten. So war Ägypten gerettet und die Position Nassers gestärkt. Vielleicht war es wirklich besser so, sonst hätte sich Sadat, der nächste Präsident Ägyptens, nicht so für den Frieden mit Israel einsetzen können.

Vier Jahre tobten nun schon die blutigen Kämpfe zwischen EOKA und den Briten. Es nützte auch nichts, daß Makarios III. als einer der wichtigsten Drahtzieher auf die Seychellen verbannt wurde. Schließlich brachte man ihn zurück, und das Schicksal Zyperns wurde vom grünen Tisch aus – durch Verhandlungen zwischen England, Griechenland und der Türkei – besiegelt. Armes Zypern! Durch Jahrhunderte hindurch Spielball so vieler streitender Mächte. Nun wurde beschlossen, aus Zypern eine Republik zu machen, mit gleichen Rechten für Griechen und Türken. Makarios III., der sich schon als Präsident der Insel sah, willigte nach langen, schwierigen Verhandlungen ein und gab die Idee der Vereinigung mit Griechenland auf. Grivas tobte und nannte ihn einen Verräter, mußte sich aber fügen. Griechenland beugte sich dem Willen der Verhandlungspartner und ließ die Idee von Enosis wie ein heißes Eisen fallen.

Soviel Blut, soviel Elend hätte vermieden werden können, wenn sich die griechischen Zyprioten – ohne Hilfe Griechenlands – mit England geeinigt hätten. Harold Macmillan, der damalige englische Premierminister, hatte ihnen sieben Jahre Selbstverwaltung vorgeschlagen und danach die Unabhängigkeit. Aber nein, von fanatischem Ehrgeiz besessen, ließ Grivas nicht locker. Inzwischen waren auch die Einwohner der Insel müde und enttäuscht von den ewigen Kämpfen, die kein positives Resultat brachten. Aber sie durften ihre Enttäuschung nicht zeigen: Grivas liquidierte rücksichtslos jeden, der auch nur den geringsten Zweifel an Enosis zeigte. Als die Kämpfe vorbei waren und die »Helden von Throodos« jubelnd von der Bevölkerung in Nikosia begrüßt wurden, fragten manche Eltern: Wo ist unser Sohn? Sagt uns, was ist mit unserem Sohn geschehen? Ihre Fragen blieben unbeantwortet.

Da gab es so manches fürchterliche Nachspiel: Ein von den Briten angeheuerter griechischer Zypriot hatte geholfen, EOKA-Sympathisanten in seinem Dorf zu identifizieren. Mit einer schwarzen Kutte bekleidet, das Gesicht durch eine schwarze Kapuze verdeckt, deutete er auf die gesuchten Männer. Niemand erkannte ihn – bis ihn sein Hund verriet. Freudig bellend und schwanzwedelnd sprang er an ihm hoch. Als dieser Mann nach Kriegsende wieder in sein Dorf zurückkehrte, ergriffen die Einwohner ihn, schleppten ihn auf den Marktplatz, übergossen ihn mit Benzin und verbrannten ihn vor den Augen seiner Frau bei lebendigem Leibe.

1959 wurde Georgios Grivas mit einem griechischen Militärflugzeug nach Athen geflogen. Nach einem triumphalen Empfang, bei dem er als Held gefeiert wurde, stellte ihn die griechische Regierung ins Abseits: Sie ernannte ihn zwar zum General, gab ihm aber keinen aktiven Job. Grivas war sehr krank, und es dauerte nicht lange, und er starb. Makarios wurde Präsident der Insel, und auch er ist inzwischen gestorben. Was dann geschah, ist nicht mehr meine Geschichte.

Schon lange zuvor hatten Norman und ich über unsere Zukunft gesprochen. »Darling, du mußt dir über eines im klaren sein: Zypern wird nicht mehr dasselbe sein, nachdem wir gegangen sind.« Mit »wir« meinte er die Engländer. »Bedenke, daß du die ganze Zeit unter dem Schutz der englischen Regierung gestanden hast. Und außerdem, Darling«, er nahm meine Hand und küßte sie, »ich bin doch auch noch da. Ich werde die Insel bald verlassen müssen. Ich kann noch ein Jahr in der Armee bleiben, aber auch schon jetzt meinen Dienst quittieren. Und das, Darling, ist meine Absicht. Du bist in mein Leben getreten, und du weißt gar nicht, was du mir gegeben hat: L for L.« – »L for L?« – »Ja: Lottie for Living. Darling, willst du meine Frau werden?«

Mir blieb der Atem weg. Alle meine guten Vorsätze waren vergessen, und die Liebe siegte über die gerade noch so kostbar erschienene Freiheit. »Ja, ja«, rief ich, »aber was werden wir machen?« – »Weißt du«, fuhr er fort, »ich habe schon immer davon geträumt, ein Restaurant zu haben. Laß uns zusammen nach London gehen.« – »Ein Restaurant?« In meinem Herzen hatte ich schon mit Hotels, Restaurants und Bars abgeschlossen. Und nun wollte Norman Restaurant-Besitzer werden, und das noch in London! »Darling, Lottie, du wirst der Star unseres Lokals sein«, versuchte Norman mich zu überzeugen, »alle werden kommen. Und ich werde die ›graue Eminenz‹ im Hintergrund spielen.« Wohl war mir bei diesem Gedanken nicht. Aber die Vorstellung, mit Norman zusammenzuleben, verdrängte alle meine Bedenken. »Gut«, sagte ich, »probieren wir es.«

Der Octopus wurde geschlossen. Ich konnte ihn nicht verkaufen, da die Griechen der Ansicht waren, der Octopus wäre ohne mich kein Geschäft. Norman blieb zunächst noch auf der Insel, wo er vieles abzuwickeln hatte. Ich beschloß, mit meiner Mutter nach Deutschland zu fahren, um Familienangelegenheiten zu klären. Norman hatte sich erboten, uns nach Limassol zu fahren, wo das Schiff bereits im Hafen lag. Zu meinem Erstaunen erschien nicht nur meine Mutter, sondern auch Andrew – mit seinem Gepäck und vielen lamentierenden Verwandten. »Was soll das bedeuten?« fragte ich perplex. »Hm, hm«, stotterte meine Mutter, während Andrew mit gesenktem Kopf neben ihr stand. »Weißt du ...«, begann sie. Kurz gesagt: Hinter meinem Rücken hatten die beiden alles organisiert. Andrew sollte mit nach Deutschland kommen und dort was-weiß-ich studieren. So der Plan meiner Mutter. In der Nähe von München hatte sie ihm bereits einen Platz im Goethe-Institut gesichert. Dort sollte er zunächst die deutsche Sprache lernen und in die deutsche Kultur eingeführt werden. Die beiden hatten mich völlig überrumpelt. Meine erste Reaktion war Empörung! Als meine Mutter dann aber mit so ängstlichem Gesicht vor mir stand, mußte ich plötzlich lachen. Meine geliebte Mutter – diese wundervolle Frau! Warum sollte sie ihre letzten Jahre nicht so schön und glücklich verleben, wie sie es sich vorstellte? Sie war jetzt 74 Jahre alt und hatte ein schweres Schicksal gehabt. Wem verdammt noch mal, schuldete sie eigentlich Rechenschaft?

Wir stiegen aufs Schiff. Addio Zypern! Addio, geliebte Insel! Fast 15 Jahre hatte ich hier so glücklich gelebt. Ich muß gehen – werde ich dich jemals wiedersehen? Mit von Tränen verschleierten Augen blickte ich auf die sich immer mehr entfernende Küste Zyperns. Langsam versank die Sonne am Horizont. Ihre letzten Strahlen zitterten über das blaue Mittelmeer. Ich ging in meine Kabine, vergrub meinen Kopf in den Kissen des Bettes. Mir war, als würde mir das Herz brechen.

Aber meine Mutter war glücklich. Sie war froh, nichts mehr mit Engländern, Griechen und Türken zu tun haben zu müssen. Sie mochten alle sehr gute Menschen sein, aber sie fand sie eben ausgesprochen »un-berlinisch«. Und es war Berlin, das sie verstand und wo sie leben wollte – und nirgends anders auf dieser Welt. Andrew war während der Überfahrt nach Triest sehr still und nachdenklich. Er sah, wie bedrückt ich war. Und im Gegensatz zu seiner üblichen Gesprächigkeit blieb auch er wortkarg.

Das Schiff kam in Triest an. Wir übernachteten in einem Hotel, und weiter ging es von Triest nach München. Auch dort hatte meine Mutter – schon von Zypern aus – für uns Zimmer in einer kleinen, gemütlichen Pension bestellt. Andrew wurde nach einigen Tagen ins Internat des Goethe-Institutes verfrachtet. Ungefähr sechs Wochen blieb ich in München, und jedes Wochenende besuchte uns Andrew, voll mit Geschichten über Söhne von reichen arabischen Ölmagnaten, die alles andere als deutsche Kultur interessierte und die ihre Nächte meist in Striptease-Bars verbrachten. Andrew lernte in kurzer Zeit hervorragend Deutsch. Er hatte eine natürliche Sprachbegabung und war überaus fleißig. Trotzdem hielt er nicht viel von Goethe und Schiller – Homer war ihm lieber.

Immer noch hofften meine Mutter und Andrew, daß ich bei ihnen bleiben würde. Meine Mutter war schwer enttäuscht, daß ich wieder heiraten wollte. Wohlweislich hatte ich ihr nichts von Normans Restaurant-Absichten erzählt – das hätte ihr wieder einmal viele »Um Gottes willen« abgerungen. Die Vorstellung, unter Andrews Aufsicht und der liebenden Tyrannei meiner Mutter in Berlin leben zu müssen, war mir unerträglich. Dann schon lieber ein Restaurant mit Norman in London.

Endlich, endlich erhielt ich den sehnlich erwarteten Brief von ihm: »Liebling, get ready. Ich erwarte dich am Bahnhof in Mailand. Von da aus fahren wir nach Genua zu meinem Cousin Brian. Wir werden mit ihm und seiner Frau Ostern verbringen.« Brians Frau Nicky war russischen Ursprungs, aber von einer reichen Tante in Italien aufgezogen worden. Wenn sie englisch sprach, hatte sie einen amüsanten russisch-italienischen Akzent. Mit einem Engländer verheiratet, fuhr sie nur noch auf der englischen Schiene. »We only speak English here, my dear«, ließ sie mich wissen. »That's okay with me«, beruhigte ich sie. Später erfuhr ich, daß sie auch sehr gut Deutsch sprach. Aber davon wollte sie offensichtlich keinen Gebrauch machen. Ich muß zugeben, sie nervte mich ein wenig mit ihrem englischen Getue. Sie erinnerte mich an viele Emigranten, denen ich begegnet war, und die an lost identity krankten und von der Sehnsucht besessen waren, eine neue zu finden. Aber sonst war Nicky ein netter Kerl.

Das Apartment, in dem Normans Cousin und Nicky lebten, war eine bizarre Mischung aus italienischem, englischem und russischem Stil. Es herrschte eine phantasievolle Unordnung – ich fand das wunderbar. Außer uns hatte Brian noch eine Freundin aus England eingeladen, die reiche Witwe eines Atomwissenschaftlers. Sie und ihre psychisch leicht angeknackste Tochter waren schon da, als wir ankamen. Die Mutter soff den ganzen Tag, während die Tochter offensichtlich unter tiefen Depressionen litt. Manchmal stieß sie während des Essens einen herzzerreißenden Schrei aus, stand auf und lief aus dem Zimmer. Ihre Mutter schien das nicht weiter zu stören. »Here she goes again«, meinte sie unbeeindruckt und goß sich ein neues Glas Wein ein.

Wir verlebten ein wunderschönes, wenn auch ein wenig anstrengendes Osterfest. Nach vier Tagen hatte ich genug und Norman auch. Genua fand ich herrlich und wäre gerne noch länger geblieben, aber nicht in diesem Ambiente. Umarmungen, Küsse, Versprechungen – »See you in London!« –, und weiter ging's. Diesmal nach Nizza. Über eine Agentur mieteten wir ein sogenanntes Studio-Flat, ein komplett eingerichtetes Apartment, in dem hinteren Teil des berühmten Hotels Negresco. Es war lausig teuer – so what.

Norman und ich gingen auf den großen Markt von Nizza, um einzukaufen. Das machte mir ungeheuren Spaß: »Ah, la petite Madame! Bonjour, bonjour«, begrüßten mich die Händler. Da gab es die herrlichsten Fische zu kaufen, Käse in allen Variationen, frisches, knackiges Gemüse und und und. Die Kombination von südländischer Atmosphäre und europäischem Know-how, das Raffinement, mit dem die Waren dargeboten wurden, entzückte mich. Ein Pfirsich, den ein Händler anpries, wurde zu einer Kostbarkeit. Wie ich diesen Markt liebte!

Ein alter Mann saß auf einem Hocker und verkaufte Knoblauch. Sein Barett hing keck und schief auf seinen weißen Haaren. »Madame«, fragte er mich, »qu'est-ce que votre nationalité?« – »Il faut deviner – raten Sie mal!« Er ging alle Nationalitäten durch, aber auf die deutsche kam er nicht. »Alors«, meinte er schließlich, »c'est vraiment égal. C'est le cœur qui parle.« Dieser einfache alte Mann hatte den Nagel auf den Kopf getroffen. Seinen weisen Satz habe ich seitdem nicht vergessen. Ja, es ist das Herz, das spricht.

Wir mieteten einen Wagen und fuhren kreuz und quer durch Südfrankreich: Cannes, St. Tropez, Monaco – alles interessante und wunderschöne Städte. Ja, wäre ich aus England gekommen oder aus Deutschland, wie hingerissen wäre ich gewesen. Aber ich sehnte mich nach der natürlichen Schönheit »meiner« Insel, wo ich noch den Atem der griechischen Götter zu spüren glaubte. Ach, ich war zutiefst verwundet, richtiggehend krank! Jahre sollte es dauern, bis mich diese Sehnsucht nicht mehr schmerzte.

Nach etwa zwei Wochen fuhren Norman und ich nach London. Mein Herz war schwer, und ich erwartete eine graue, deprimierende Stadt. Aber ich sollte mich irren. Es war 1960 – swinging London! Überall gab es kleine, witzige Restaurants. Alle Küchen der Welt waren vertreten, vorwiegend die französische und die italienische. Es war schick geworden, ein Restaurant zu eröffnen. Und häufig war der Besitzer ein Sir oder ein Lord von Geblüt, der seinen weiblichen Gästen galant eine Rose überreichte, wenn sie sein Lokal betraten. »Siehst du«, sagte Norman, »so etwas werden wir auch machen.« Seine schönen Augen strahlten voller Erwartung. »Aber nicht du wirst deinen Gästen Rosen überreichen, sondern sie dir.« – »Na ja ...«, sagte ich gedehnt, »hoffentlich!«

Aber ich hatte noch eine Gnadenfrist. Zunächst einmal suchten wir eine Wohnung. Offizieren und Militärs, die lange im

Ausland gedient hatten, wurden bevorzugt Wohnungen zugewiesen, und nach einer Wartezeit von zwei Monaten zogen wir in einen herrlichen Altbau in Elm Park Gardens ein, am Rande von Chelsea. Die Wohnung hatte hohe Decken, große Räume und war mit allen Annehmlichkeiten ausgestattet. Es war eine Parterrewohnung, deren riesige Terrasse direkt in den Garten führte. Wir wurden von vielen beneidet – aber meine Sehnsucht nach Zypern blieb.

Jetzt ging's los – Normans Familie! Wieder einmal hatte ich mich gegen eine mehr als unangenehme Schwiegermutter zu verteidigen. Sie machte ihren Standpunkt gleich klar: »You may call me aunt Lilian – du kannst mich Tante Lilian nennen.« Damit distanzierte sie sich ganz klar von ihrer neuen Schwiegertochter. »Ich mag keine alten Tanten. Ich werde Sie Mrs. Huber nennen«, übertrumpfte ich sie.

Normans Mutter war mit ihren 78 Jahren noch immer eine schöne Frau. Sie stammte aus Devonshire und hatte einen Teint wie die berühmte Devonshire Cream. Ihre Kleider trug sie mit einer unglaublichen Eleganz. Nancy, ihre Gesellschafterin, stammte aus Australien. Sie liebte ihre Mistress abgöttisch und war ihr völlig ergeben. Sie ließ sich herumschikanieren und las ihr jeden Wunsch von den Augen ab. Das bekam meiner Ansicht nach der alten Dame gar nicht gut. Nancy fungierte dann auch als Verbindungsperson zwischen mir und diesem alten Drachen. »Oh Lottie, dear«, pflegte Nancy mich anzurufen, »Lilian is so hurt – sie ist so verletzt, weil du dies oder jenes gesagt hast.« – »Wenn sie nicht aufhört mit ihren Sticheleien, werde ich noch etwas ganz anderes sagen«, drohte ich der jammernden Nancy. Einmal, während wir alle zusammen den Tee einnahmen, beklagte sich meine liebe Schwiegermutter laut bei ihren Freundinnen, daß sie es sehr bedauere, daß Norman eine Ausländerin heiraten wolle, wo es doch genug junge Frauen in England gebe. »Aber du hast doch auch einen Ausländer geheiratet«, sagte ich. Normans Vater war Schweizer – daher der Name Huber. »Hast du gar nicht gemerkt, wer dir die drei Söhne verpaßt hat? Die außerdem«, fügte ich versöhnlich hinzu, »alle wunderschön sind.«

Allerdings kannte ich Normans Brüder nur von Fotos. Der eine, der Lieblingssohn meiner Schwiegermutter, war in El Alamein gefallen. Das schien sie mir persönlich übelzunehmen. Der andere lebte mit seiner Frau und seinen Töchtern in Australien. Ja, es war nicht einfach mit der alten Dame. Am meisten bedauerte ich meinen armen Norman. Jeden Sonntag besuchten wir, beladen mit Kuchen und Getränken – Gin, Whisky, Wein –, »Tante Lilian« und Nancy. Die alte Dame konnte einen guten Schluck vertragen.

Allmählich schien sie sich mit mir abzufinden – dachte ich. Aber dann geschah wieder etwas, was ihren Standpunkt sonnenklar machte. Norman hatte für seine Leistungen in Zypern und für seine lange Karriere in der Armee das OBE bekommen – The Order of the British Empire. Diese hohe Auszeichnung sollte er jetzt im Buckingham Palace aus der Hand der Königin empfangen.

Jeder der Ausgezeichneten konnte zwei Verwandte mitbringen, die der Zeremonie beiwohnen durften. Norman hatte mich und seine Mutter auserkoren. Zwei Tage vor dem großen Ereignis bekam ich einen Anruf von Nancy, die mir mit tränenerstickter Stimme mitteilte, daß »Aunt Lilian« sich gar nicht wohlfühle und nicht imstande sei, der Zeremonie im Buckingham Palace beizuwohnen. Der wahre Grund war, wie mir Normans Cousine hämisch mitteilte, daß »Aunt Lilian« der Königin nicht in Gesellschaft der Geliebten ihres Sohnes unter die Augen treten wollte. Dabei hatte die Königin in ihrem Leben sicherlich schon ganz andere Sachen gesehen.

Dann gehe ich eben alleine, dachte ich und kaufte mir für diese Gelegenheit einen Hut. Er war eine Wucht! Er sah wie eine glamouröse Ofenröhre aus. Jedenfalls muß das Modell sehr beeindruckend gewesen sein, denn einer der attraktiven Adjutanten, die im Ballsaal des Buckingham Palastes den Gästen ihre Plätze zuwiesen, kam auf mich zu und fragte mich: »Sind Sie von der Presse, Madam?« Er konnte seinen Blick nicht von meinem Hut losreißen. »Ich bin die Frau von Colonel Huber, der zur Ordensverleihung eingeladen ist«, erwiderte ich stolz.

Der entzückende Offizier wies mir einen Platz in der zweiten Reihe zu, also ganz vorne, so daß ich alles aus nächster Nähe sehen konnte – vor allem die Queen. Es war wie im Märchen: Oben auf der Balustrade spielte eine Kapelle, die Musiker trugen rote Uniformen, mit Goldtressen besetzt. »I could have danced all night« aus dem Musical ›My Fair Lady‹ sangen die Geigen. Auch ich hätte vor Glück tanzen können.

Der Zeremonienmeister klopfte dreimal mit seinem Stab auf den Boden, und die leisen Unterhaltungen verstummten plötzlich. »Her Majesty, the Queen!« annoncierte er feierlich. Alles erhob sich. Da erschien sie, sehr schlicht, in einem resedagrünen Kleid, eine Perlenkette um den Hals – mit einem Teint wie eine englische Rose. In dem Moment, als sie hereintrat, brachen Sonnenstrahlen durch die hohen Fenster. Eine Bühneninszenierung hätte nicht wirkungsvoller sein können. Neben der Königin stand ein junger Page, der ihr von einem Samtkissen die jeweiligen Orden reichte. Die zu Ehrenden wurden aufgerufen. Sie bewegten sich nach genauen Anweisungen: eine tiefe Verbeugung, dann drei Schritte vor, wieder eine tiefe Verbeugung. Dann streckte Her Majesty dem meist vor Nervosität zitternden Empfänger seinen Orden an. Ein handshake, ein paar freundliche Worte, wieder eine tiefe Verbeugung, mit dem Gesicht zur Königin drei Schritte zurück, eine leichte Drehung, Abgang. Der nächste bitte! Alles lief wie am Schnürchen.

Die zu ehrenden Damen, die sich durch große soziale Dienste oder sonstwas ausgezeichnet hatten, gefielen mir am besten. Immer wieder erfreute mich der Anblick ihrer mehr oder weniger breiten Hinterteile, wenn sie in ihren tiefen Hofknicks versanken. Eine hochbetagte Dame – ich schätzte sie auf weit über achtzig – wäre fast umgefallen, hätte nicht ein aufmerksamer junger Offizier ihr hilfreich unter das Hinterteil – pardon – unter die Arme gegriffen. Ein verständnisvolles Lächeln der Königin, und beglückt schwankte die alte Dame davon. Dann kam mein Norman an die Reihe, ganz blaß vor Aufregung. Wie schön er aussah in seinem Gehrock und den gestreiften Hosen. Ich war so gerührt – und so albern stolz auf ihn. Endlich hatten alle ihren Orden bekommen. Wieder setzte die Kapelle ein, diesmal mit der ›Lustigen Witwe‹: »Heut geh' ich ins Maxim«.

Wir traten aus dem Buckingham Palace hinaus – draußen strahlender, wolkenloser Himmel. Glückliche, aufgeregte Angehörige nahmen ihre geehrten Väter und Söhne, Tanten und Onkel in Empfang. Auch Norman kam mir aus einem anderen Ausgang entgegen, in der Hand das Kästchen mit dem OBE. »Darling, darling!« Glückstränen rollten mir über die Wangen. Ach, es ist doch so schön, sentimental zu sein. Ich bin darin eine wahre Meisterin. Ein berühmter englischer Journalist hat mir einmal gesagt: »Dearest Lottie, you are an incurable romantic.« Ja, das bin ich. Auch heute noch, und das hält mich gesund. Als Zwölfjährige hatte ich meiner Mutter einmal ernsthaft erklärt: »Mami, ich bin ein Idealist auf realistischer Basis.« Schallendes Gelächter bei den kaffeeklatschenden Damen. Aber da ist doch etwas dran, oder?

Nach der Ordensverleihung gaben wir zu Hause eine kleine Party. Norman winkte, wie immer bescheiden, die Komplimente ab. Dann rief er plötzlich: »Mutter, wie schön, daß du gekommen bist!« Da saß sie nun mit ihrer Gesellschafterin Nancy. Offensichtlich putzmunter, verdrückte sie ein Hummer-Sandwich nach dem anderen. Was soll's, dachte ich, die Hauptsache, Norman ist glücklich. Anscheinend wollte sie einlenken und mir etwas Nettes sagen: »I like your hat.« – »Der Königin hat er auch gefallen«, gab ich schnippisch zurück.

Auch mit Normans Cousin Philip und dessen Frau hatte ich Schwierigkeiten. Philip war im Baugeschäft und hatte nach dem Krieg unerhört viel Geld verdient. Er war Millionär. Seine Frau, eine hochgewachsene, schlanke Blondine, gab sich sehr britisch. Obwohl sie jedes Jahr zur Autorallye nach Monte Carlo fuhren, brachte sie es nicht fertig, auch nur ein Wort Französisch zu lernen. Philip äußerte sich lautstark über mich: »I don't mind Lottie being Jewish, but German – I can't forgive her for this.« Vollidiot, dachte ich wieder einmal, was hast du mir zu vergeben?

Diese Einstellung bekam ich noch taktloser bei einer Cocktailparty zu spüren, die von Philips Freund – ebenfalls Millionär – auf seinem großen Landsitz gegeben wurde. Das Gerücht von Normans »exzentrischer« Frau hatte sich bereits herumgesprochen. »She is German, my dear...«, flüsterte man sich zu. Auf dem wunderschönen englischen Rasen wurden Drinks gereicht. Charmant machte sich der Gastgeber das Vergnügen, sie auf einem Tablett seinen Gästen selbst zu servieren. Jedesmal, wenn er an mir vorbeiging, übersah er mich geflissentlich. Norman kam mit einem Campari-Soda in der Hand auf mich zu: »Where is your drink, my dear?« – »Offensichtlich hat man in diesem Hause nicht die Absicht, mir einen anzubieten«, sagte ich lautstark. »Deshalb werde ich jetzt in einen Pub gehen und mir einen kaufen.« Fassungslos blickte Norman mich an. »Anscheinend bin ich als Deutsche für Hitler, für den Krieg und für alles, was passiert ist, verantwortlich«, fügte ich hinzu. »Aber daß ich selbst im Konzentrationslager gewesen bin, daß meine Verwandten vergast worden sind, spielt wohl keine Rolle. Ich hätte gerne gewußt, ob die, die sich hier so aufblasen und mir einen Drink verweigern, so gelitten haben wie ich.« Tiefe Bestürzung. Betroffenes Schweigen. Norman war aschgrau im Gesicht. Unser Gastgeber kam auf uns zu: »Um Gottes willen, es ist ein Mißverständnis, ein ganz großes Mißverständnis«, meinte er. Wieder befand ich mich in einem Konflikt zwischen meinen Empfindungen: Wut und Empörung auf der einen und Rücksichtnahme und Liebe zu Norman auf der anderen Seite. Schließlich wollte ich nicht, daß er meinetwegen seine Freunde verlor. »Also gut«, lenkte ich ein, »einen Sherry.« Alle lachten erleichtert auf. Mit der Zeit lernte ich, solche »kleinen« Vorfälle nicht zu tragisch zu nehmen. Und ich gewann viele Freunde in England, viele wunderbare, interessante Menschen. Und wenn ein Engländer ein Freund ist, ist er ein Freund fürs Leben.

Inzwischen waren meine Mutter und Andrew in Berlin gelandet. Würde es gutgehen? fragte ich mich skeptisch. Lion Feuchtwanger hat im französischen Exil vom »unholden Frankreich« gesprochen. »Unholdes Deutschland« könnte man sagen, wenn man an die Behandlung der Ausländer – Asylanten und Gastarbeiter – in Deutschland denkt. Wie würde Andrew, dieser Sohn der Sonne, die Unfreundlichkeiten und Aggressionen Ausländern gegenüber verkraften? Meine Mutter hatte ihm ganz falsche Vorstellungen vermittelt von dem, was ihn erwartete, hatte alles in den rosigsten Farben geschildert. Jetzt kam die rauhe Wirklichkeit. Sie wollte aus Andrew unbedingt einen Ingenieur machen, er sollte studieren. Aber das ging schief: Das lag ihm überhaupt nicht. Vielleicht wäre er ein guter Hotelier geworden, aber er weigerte sich hartnäckig, die lange Ausbildung zu machen. Noch einmal in der Küche lernen? »Das brauche ich nicht!« meinte er empört.

Weinend kam er nach Hause, wenn seine Kollegen bei Siemens, wo meine Mutter ihn schließlich untergebracht hatte, ihn einen »Kameltreiber« nannten. Da hatte meine Mutter sich etwas eingebrockt! Nun mußte sie damit fertig werden. Aber im Grunde genommen war es ihr wurscht, ob Andrew eine Karriere machte oder nicht. Sie war glücklich mit ihm, kaufte ihm einen Volkswagen, mit dem sie sich von ihm durch Berlin kutschieren ließ. Zusammen gingen sie ins Theater, zu Vorträgen, in Konzerte. Aus »Madame Goldmann« war inzwischen »Mutti« geworden, ich war seine Schwester. Von dieser neuen Verwandtschaft war ich wenig entzückt. Aber da ich weit weg war, gab es zunächst keine Probleme. Die kamen erst viel später.

Die beiden waren glücklich miteinander. Meine Mutter, die mir, als sie mich bei meinem ersten Kuß erwischte, eine Ohrfeige verpaßt hatte, zeigte sich Andrews Liebeserlebnissen gegenüber viel toleranter. Immer fand er eine Platte mit belegten Broten und eine Flasche Wein in seinem Zimmer vor, damit er seine jeweilige Freundin bewirten konnte. Andrew dankte ihr dafür, indem er sie liebevoll umsorgte und ihr jeden Wunsch von den Augen ablas.

Und dann geschah es: 1963 erlitt meine Mutter einen Schlaganfall und starb. Es war entsetzlich. Ich flog nach Berlin, und Andrew holte mich vom Tempelhofer Flughafen ab. Fast hätte ich ihn nicht erkannt. Er war jetzt 21, hochgewachsen, bildschön, elegant, ein »Sir« – aber tief in seinem Herzen ein Kind, ein großer Junge, der ohne meine Mutter in Deutschland verloren war. Es war eine Tragödie: Gegen den Willen meines Mannes – inzwischen war Normans Scheidung vom Gericht für »absolut« erklärt worden, und wir hatten geheiratet – holte ich Andrew nach London und hoffte, daß er sich einleben würde. Aber nein, es ging nicht. Zwischen beiden Männern entwickelte sich eine gefährliche Konkurrenz, ein unterschwelliger Haß. Tief enttäuscht von Europa und von Schmerz zerrissen, kehrte Andrew auf seine Insel zurück. Wir haben uns nicht wiedergesehen.

Aber zurück nach London. Nach einigen Wochen des Wartens konnten wir Normans Traum erfüllen. Wir fanden ein kleines Restaurant in einem der reizvollen alten Häuser in Beauchamp Place. Beauchamp Place ist eine kleine Straße, die gleich hinter dem berühmten Kaufhaus Harrod's liegt. Wie Norman mir versicherte, eine sehr schicke Adresse. Und dementsprechend wurde auch eine sehr »schicke« Miete verlangt. Das Lokal war, bevor wir es übernahmen, von einer Australierin als australisches Spezialitätenrestaurant geführt worden. Aber offensichtlich wollte niemand ihre Spezialitäten, und sie gab nach zwei Jahren tapferen Kampfes auf. In London wurden ständig Restaurants gekauft und wieder verkauft. Wie schnell aus dem Traum, ein Restaurant zu führen, ein Alptraum werden kann, wußte ich damals noch nicht. In Kyrenia war ich die »Queen of the harbour« gewesen – konkurrenzlos. Wer mir nicht gefiel, flog raus. Aber hier in London reihte sich Lokal an Lokal, und alle kämpften um die Gunst des Publikums. Aber: Wir übernahmen das Restaurant und nannten es wieder Octopus.

So ein kleiner, individuell geführter Laden – wir hatten weniger als zwanzig Tische – verlangt großen persönlichen Einsatz. Oft artete es in richtige Knochenarbeit aus – so zermürbend, daß für unsere romantische Liebe nicht mehr viel Zeit blieb. Ich lernte Norman von einer Seite kennen, die mich bis dahin nicht berührt hatte. Er war ein großer Perfektionist und setzte mich oft unter unerhörten Leistungsdruck. Ja, einmal schrie er mich sogar an! Es war an einem Abend, als meine spanische Köchin Pilar und ich wieder einmal unter starkem Streß arbeiteten. Das Restaurant war brechend voll. Da erschien Norman in der Küchentür. »Wo bleibt das Essen für Lady X?« brüllte er.

»Yes, Sir – no, Sir – zu Befehl, Sir – sofort, Sir...« 25 Jahre lang war Norman von der Army her gewöhnt, Befehle zu geben und Befehle zu empfangen. Und nun erwartete er auch von mir, daß ich parierte. Mit Mißvergnügen sah ich, wie er andererseits in devoter Haltung zwischen den Tischen hin und her flitzte: »Yes, Sir – certainly, Mylady...« Er meinte das alles gewiß nicht böse, er war es einfach nicht anders gewohnt. »Lady X kann mich am Arsch lecken«, schrie ich wütend und verzweifelt. Fassungslos schaute mich mein geliebter Mann an, drehte sich auf dem Absatz um und verließ wortlos die Küche.

An diesem Abend lagen wir stumm nebeneinander im Bett. Schweigend starrte Norman an die Decke. Ich auch. Es darf nicht sein, es darf nicht sein – auf keinen Fall, dachte ich. Ja, ja, hatte ich in Kyrenia spontan gerufen, als Norman mich fragte, ob ich seine Frau werden wolle. Und das war jetzt mein Weg, es durfte nicht schiefgehen. Opfer bringen, sich fügen, freiwillig Dinge von sich aufgeben – das gehört auch zu einer Liebe, redete ich mir ein. »Norman?« Ich ergriff seine Hand, spürte, wie sich seine Finger um meine legten. »Darling, verzeih mir...«, sagte ich leise, »ich liebe dich.« – »Ich dich auch, Darling.« Norman legte seinen Kopf auf meine Brust und schlief ein. Ich lag noch lange wach. Ich war nun keine Königin mehr, ich war eine Arbeitsbiene geworden.

Der Londoner Octopus hatte mittlerweile einen ausgezeichneten Ruf. Unser Lokal wurde »in«, und zahlreiche Berühmtheiten zählten zu unseren Gästen: etwa der weltberühmte Balletänzer Rudolf Nurejew, die große englische Primaballerina Alicia Markova oder die australische Primadonna Joan Sutherland, die damals große Triumphe als Lucia di Lammamor in Covent Garden feierte. Auch bei meinen ehemaligen »Zyperngästen« hatte sich herumgesprochen, daß ich jetzt in London war. Und sie kamen alle: Offiziere, Journalisten, Lady This und

Sir That, die lange in Kyrenia gelebt hatten. Aber es war eben nicht dasselbe. Man kann nicht wiederholen, was zu einer gewissen Zeit und an einem gewissen Ort so wunderbar gewesen ist. Es wird immer eine Enttäuschung sein, und was bleibt, ist ein bitterer Nachgeschmack. Aphrodite kann nur auf Zypern glücklich sein, und der Octopus gehört ins blaue Mittelmeer.

Eine meiner Gäste war auch Vivien Leigh, die berühmte Schauspielerin aus ›Vom Winde verweht‹. Der brasilianische Botschafter hatte ihr zu Ehren eine kleine Party in unserem Restaurant gegeben. Die Frauen der Diplomaten waren hinreißend schön und elegant. Aufgeregt wartete man auf den großen Star. Und dann kam sie – ich sehe sie noch heute vor mir: eine unscheinbare, graue Maus! Sie trug einen Faltenrock, eine Null-Acht-Fünfzehn-Bluse und war ungeschminkt. Tiefe Ringe lagen unter ihren Augen. Ihre Pupillen erschienen mir übergroß. Hatte sie gekifft? Unruhig rutschte sie auf ihrem Stuhl hin und her. Sie muß damals so um die fünfzig gewesen sein und hatte gerade einen unerhörten Erfolg mit dem Film ›The Roman Spring of Mrs. Stone‹. Obwohl sie darin eine Frau ihres Alters spielte, sah sie unglaublich schön aus. Um so enttäuschter war ich, als ich sie an diesem Abend life sah. Begleitet wurde sie von einem jungen Mann, der vielleicht 22 Jahre alt war. Der lümmelte sich schlecht gelaunt auf einen Stuhl, hing lustlos über seinem Teller und fraß das Menü in sich hinein. Zärtlich sprach Vivien Leigh auf ihn ein – er reagierte nur mit einem unverständlichen Grunzen. Einige Monate später beging Vivien Leigh Selbstmord. Man sagte, sie habe viele Schulden gehabt und die Filmangebote seien ausgeblieben.

Ein sehr guter Freund von uns – auf Zypern Normans Boß – hatte auch hier in London eine hohe Position: Sir Jeffrey B. war Constable of the Tower of London geworden. Eine außerordentliche Ehre! Unter seiner Obhut befanden sich die Kronjuwelen Englands. Er mochte mich sehr gerne, und ich hatte das Gefühl, daß er sogar eine kleine Schwäche für mich hegte. Wie so oft kam er eines Abends in den Octopus. Sir Jeffrey hatte ein ungeheures Gespür für Menschen. Während wir zusammensaßen und Norman herumflitzte und sich um die Gäste kümmerte, fragte er mich leise: »Lotti, bist du glücklich? Fühlst du dich wohl hier?« Kleine Pause – dann schaute ich ihm ins Gesicht: »Nein.« – »Hab' ich mir doch gedacht«, sagte er, »mal sehen, was ich tun kann.« Drei Wochen später rief Jeffrey an und verabredete sich mit Norman zu einem Gespräch. Was würde geschehen? Gespannt wartete ich auf Normans Rückkehr. Er erschien fröhlich und angeregt und goß sich erst einmal einen Whisky ein. Dann fragte er: »Darling, sage es mir ganz ehrlich: Wirst du traurig sein, wenn wir Schluß machen mit unserem Restaurant, wenn wir den Octopus verkaufen?« Mein Herz tat einen Sprung. »O nein!« antwortete ich, »im Gegenteil.«

Durch Sir Jeffrey hatte Norman die Möglichkeit, einen Job bei den Amerikanern zu bekommen. Sir Jeffrey hatte während des Krieges gute Beziehungen zu ihnen gehabt und war von ihnen hoch dekoriert worden. Norman sollte seine neue Tätigkeit in Berlin aufnehmen.

Berlin! Welches Glück und welches Leid hatte ich in dieser Stadt erlebt! Während all der Jahre im Ausland hatte ich meinen Schmerz tief im Herzen vergraben. Nie wieder wollte ich diese Stadt betreten – der Gedanke, wieder nach Berlin zu gehen, erschreckte mich. Aber du gehst ja nicht alleine, Norman ist bei dir, sagte ich mir. Und ahnte überhaupt nicht, wie sehr ich Berlin bald wieder lieben sollte.

Ein Restaurant zu verkaufen ist in London nicht schwer. Zwei Italiener boten uns einen annehmbaren Preis und machten aus dem Octopus ein Spaghetti-Lokal. Bevor Norman seinen neuen Job antrat, hatten wir noch ein paar Wochen Zeit. Endlich wollte ich einmal London genießen. Ich raste in Museen, besuchte Konzerte und sah wunderbare Theateraufführungen. Norman machte alles mit, er war einfach entzückend. Und natürlich stolz auf die Stadt, in der er geboren war. »Darling, hast du Lust, eine Debatte im House of Parliament zu hören?« fragte er mich eines Tages. Bei Haushaltsdebatten war ausnahmsweise die Öffentlichkeit zugelassen. Ich war begeistert.

Macmillan, der damalige Premierminister, leitete eine Debatte über den Verteidigungsetat. Wir gingen auf die Galerie, wo schon zahlreiche Leute saßen, und konnten von dort den großen Saal überblicken. Feierlicher Einzug des Premierministers und der Abgeordneten. Macmillan wollte gerade mit seiner Rede beginnen, als sich noch einmal die Tür des Saales öffnete. Mit schweren Schritten und vorgebeugten Schultern schlurfte ein alter Mann in den Saal hinein. Als er den Kopf hob, da erkannte ich sein Gesicht: Es war Winston Churchill. Alles erhob sich, einschließlich des Premierministers. Zielstrebig ging der alte Löwe auf einen ihm wohlbekannten Sitz zu, ließ sich schwerfällig in den Sessel sinken und schlief ein. Daß ich ihn noch erleben durfte! Diesen großen, alten Mann, der England mit seiner Kraft und seinem Mut durch die schwierigen Jahre des Zweiten Weltkriegs geführt hatte – da saß er und schlief friedlich.

Die Debatte war beendet. Der Premierminister klopfte Churchill diskret auf die Schulter, der sich daraufhin langsam erhob. Wieder standen alle auf. Zielsicher schlurfte er dem Ausgang zu. Ich war – ich kann es nicht anders sagen – tief ergriffen. Churchill war über neunzig Jahre alt, aber immer noch gehörte dem House of Parliament sein ganzes Herz, sein ganzes Sein. Dabei hatte England ihn schwer enttäuscht: Nach dem Krieg wählte man nicht ihn zum Premierminister, sondern den Sozialisten Attlee. Das war ein großer Schlag für ihn gewesen, aber die Engländer hatten genug von dem kriegerischen Löwen. Es gab andere Aufgaben zu lösen, für die sie Churchill nicht für geeignet hielten. Kurz nach dieser Debatte starb er.

Als wir das Parlament verließen, sagte ich zu Norman: »Ich lad' dich zu einem Drink ein, Darling.« Wir gingen in unseren Lieblingspub, und ich trank einen trockenen Sherry. Als ich ein paar Jahre nach dem Tode Normans wieder in London war, stand der Besitzer noch immer hinter der Theke: leicht ergraut, aber ansonsten unverändert. Als er mich sah, fragte er, ohne mit der Wimper zu zucken: »The same as usual Madam?« Und füllte mein Glas mit demselben Sherry, den ich immer mit Norman bei ihm getrunken hatte. Vor Rührung konnte ich kaum meine aufsteigenden Tränen unterdrücken. »Das Übliche, wie immer...« Nein, das hatte es in meinem Leben nicht gegeben: das Übliche, wie immer. Nie habe ich mich auf meinen Hintern setzen können, um festzustellen: So, das war's. Weiter, weiter, anders, neue Erfahrungen, schwere Erfahrungen, großartige Erfahrungen, aber never the same as usual. Ich lächelte den ergrauten Pubbesitzer an: »Noch einen Sherry. And... please have a drink with me.«

Inzwischen war Normans Nichte Sarah aus Australien nach London gekommen. Sie hatte sich in den Kopf gesetzt, ein Top-Model zu werden. In Australien hatte sie verschiedene Preise bei Schönheitswettbewerben gewonnen – und jetzt wollte sie London erobern. Sie war wirklich schön: ein ausdrucksvolles Gesicht, blonde Haare bis zu den Hüften, eine herrliche Figur, Beine bis zum Hals. Alle Voraussetzungen waren gegeben, um ihre ehrgeizigen Träume zu realisieren. Sie ist dann auch ein Top-Model geworden und nach Amerika gegangen. Vorher aber nahm sie an einem Mannequin-Kurs teil, in einer der berühmten Schulen Londons: »Cherry Marshall's«. »Cherry Marshall's« und »Lucy Clayton« waren damals die führenden Mannequin-Schulen in London. »Kann ich einmal mitkommen?« fragte ich meine Nichte. Cherry Marshall's Schule lag in der Grosvenor Street, in einer der elegantesten Gegenden Londons. Viele berühmte Models hatten hier ihre Karriere begonnen – zum Beispiel Twiggy, das bekannte »Skelett« der sechziger Jahre.

Die Leiterin Cherry war selbst Model gewesen und führte die Schule mit eiserner Disziplin. Ich erklärte ihr, warum ich gekommen war – mit meinen 1,50 Meter kam ich ja nicht gerade als Mannequin in Frage. Ich hatte die Idee, in Berlin eine solche Schule zu eröffnen. »Gerne«, sagte sie, »machen Sie mit.« Es war ungeheuer lustig, aber ich fand es auch etwas albern: die feierlich ausgeführten Drehungen und Wendungen, die affektierten Mienen, die Mannequins ja so gerne aufsetzen. Zur Freude aller setzte ich immer eine leicht parodistische Mimik auf. »Sie hätten Schauspielerin werden sollen«, meinte Miss Marshall amüsiert und wußte gar nicht, wie recht sie mit ihrer Feststellung hatte. Die Drehungen und Wendungen hatte ich bald intus – natürlich, ich bin doch Tänzerin gewesen. Mich interessierte der Aufbau eines solchen Kurses. Was man noch alles lernen konnte: Make up, Körperpflege, Gesichtskontrolle und dann – wie der Berliner sagt – die »Benimmste«, die den erstaunten jungen Frauen von einer Lady M. in völlig veralteter Form beigebracht wurde. »Wenn ich mich so benehme, denkt mein Freund, ich hab'ne Meise«, flüsterte mir ein junges Mädchen zu.

Ich amüsierte mich köstlich. Aber eines wurde mir klar: Ohne eine natürliche Begabung für den Laufsteg nützt die beste Ausbildung nichts. Ein berühmter Modemacher in London sagte einmal: »Ich verlange von meinen Mannequins, daß sie sich oberhalb der Taille wie eine Königin bewegen und unterhalb wie eine Sexbombe.« Ein Designer für Abendkleider verlangte: »Man muß das Material zum Schwingen bringen, zum Schweben. Meine Kleider müssen atmen.« Wieder ein anderer forderte eckige, kantige Bewegungen, maskuline Gesten, einen androgynen Stil. Wie gesagt: Eine Schule kann Anregungen geben, mehr nicht. Große Schönheit ist gar nicht so wichtig, die Maße und das Charisma müssen stimmen. »Sie sind so anregend für meine Schülerinnen«, meinte Cherry Marshall und machte mir den Vorschlag, einen weiteren Kursus gratis mitzumachen. Ich fühlte mich geschmeichelt und hätte nichts dagegen gehabt, aber die Zeit drängte.

In Berlin fanden Norman und ich eine wunderschöne Altbauwohnung in der Nähe des Kurfürstendamms. Während Norman seinen neuen Job antrat, schlenderte ich durch die Stadt. Ich erkannte viele Straßen und Gebäude aus den dreißiger Jahren wieder, aber vieles war auch abgerissen worden oder hatte sich verändert. Hochhäuser waren entstanden, und dennoch: Es war Berlin! Der Kurfürstendamm, der Tauentzien, das KaDeWe... Aber da waren auch die Blicke älterer Menschen, die mich streiften: fragend, neugierig, nicht sehr freundlich. Ich schaute ihnen ins Gesicht: Du und du und vielleicht auch du – was habt ihr in der Nazizeit gemacht? Geschwiegen, denunziert, gemordet...? Nicht hysterisch werden, befahl ich mir. Berlin war jetzt meine neue Heimat. Norman, mein geliebter Mann, war glücklich in seiner neuen Arbeit und hatte sich spontan in die Stadt verliebt.

Norman und ich fingen endlich an, unser Dasein in Europa zu genießen. Nun hatten wir genug Zeit, zusammen zu leben und nicht nur zu schuften. Mit unserem Auto kutschierte er mich durch Berlin und wußte bald besser Bescheid als ich. »Siehst du«, sagte er jedesmal, wenn wir an der »Goldelse«, der Siegessäule, vorbeifuhren, »daß sie noch da steht, hat Berlin den Engländern zu verdanken. Wir haben verhindert, daß die Franzosen sie nach Paris schleppten.« Zum Glück steht die Siegessäule im englischen Sektor der Stadt. »Dafür bekommst du einen dicken Kuß«, freute ich mich, »und du darfst mir einen Drink spendieren.« – »Wo?« – »Im Kem-pin-ski«, ahmte ich seine gedehnte Sprechweise nach. O Berlin, wie schön du bist, wie aufregend, wie stimulierend – und wie glücklich bin ich wieder.

Wie in London geplant, eröffnete ich eine Mannequin-Schule. Norman und ich verwandelten das große Berliner Zimmer unserer Wohnung in ein Studio. Und dann war es soweit: Ich setzte eine Annonce in die Zeitung. »Mannequin-Studio, Dressmen-Studio, Schule der Dame, Schule des Herrn. Neueröffnung.« Ich bekam viele Anmeldungen, aber auch viele dumme Fragen. In den sechziger Jahren hatte man in Berlin eine ganz andere Einstellung zum Beruf des Models als in London. Ein Model, ein Mannequin? Das klang in Berlin irgendwie anstößig. Noch immer war die Prüderie der vierziger und fünfziger Jahre zu spüren. Hinzu kam, daß in den Berliner Tageszeitungen Callgirls sich in ihren Annoncen oft Models nannten. Das war natürlich eine Katastrophe für die Schule. Ich bekam die unmöglichsten Anrufe: »Wir haben eine Party, schicken Sie uns mal'n paar Puppen rüber.« Besorgte Mütter fragten mich immer wieder, ob es auch anständig zuginge. Viele glaubten sogar, daß solche Schulen mit internationalem Mädchenhandel zu tun hätten. »Lassen Sie Ihre Tochter ins Büro gehen. Dann kann sie sich mit den Gelüsten ihres Bosses auseinandersetzen. Hier wird nicht gelüstet!« war meine wütende Reaktion. Nur wenige ahnen, wie schwer der Beruf eines Models ist und was für eine puritanische Lebensweise er erfordert. Und ob man groß rauskommt, steht in den Sternen.

Mit der Zeit langweilte ich mich. Es irritierte mich auch immer mehr, Träume zu verkaufen, die sich vielleicht nie realisieren würden. Kurz gesagt, meine Schule machte mir keine Freude mehr. Aber ich hatte eine neue Idee. Ich wollte jungen Frauen – ob schlank oder dick, ob groß oder klein – ein neues Körpergefühl vermitteln, ein Körper-Selbstbewußtsein, das ihnen ein neues Ich-Gefühl geben sollte. Mit gymnastischen Übungen und tänzerischen Improvisationen gestaltete ich einen solchen Kurs. Aus den verschiedensten Stoffen wurden Phantasiegewänder hergestellt: Schleppen, Schals, wallende Umhänge, bizarre Hüte, Fächer, Federn, Schirme, Handschuhe und was-weiß-ich-nicht-alles. Und vor allen Dingen Musik – ernste und heitere, kitschige und klassische, bis hin zu Pop-Musik. In dieser Atmosphäre zeigten meine Schüler Talente, die mich oft in Erstaunen versetzten. Ihre Darbietungen waren nicht selten bühnenreif. Der Kurs wurde ein großer Erfolg, und ich fühlte mich wohl dabei.

Hin und wieder erschien Norman im Studio, mit einem rolled umbrella, einem bowler-hat und seinem Monokel im Auge. Jedesmal, wenn er in seinem fließenden Deutsch und mit seinem entzückenden englischen Akzent erklärte, wie man in England einen Regenschirm rollt, und dann lässig sein Monokel aus dem Auge in die Hand und dann in die Jackentasche gleiten ließ, brach ein Sturm der Begeisterung über Normans kleine London-Show aus.

Talente sind oft verschüttet, aber können auch entdeckt werden. Wenn meine Schüler mir um den Hals fielen: »Lotti, Lotti, ich wußte ja gar nicht, was alles in mir steckt«, war ich glücklich. Im privaten Kreis entstand so manche Theater-, Tanz- und

Pantomimengruppe. Nun hatte meine Arbeit den Sinn gefunden, den ich ihr geben wollte.

Nach und nach hatten wir einen wunderbaren Kreis deutscher Freunde und konnten uns der vielen Einladungen kaum erwehren. Auch seine Arbeit bei den Amerikanern gefiel meinem Mann sehr – nur die Sprache, die Sprache! Sie beleidigte sein britisches Ohr. »Terrible«, sagte er, »terrible, darling. I speak English and they speak American.« Ach, mein Norman, mein geliebter, versnobter Engländer!

Oft luden wir Gäste ein, die wir phantasievoll bewirteten. Aber am schönsten war es, wie Norman immer wieder feststellte, wenn wir alleine waren in unserem »Kabäuschen«. Der kleine Raum war früher das Dienstmädchenzimmer gewesen, wir hatten ihn als unseren Talkroom eingerichtet. Wie oft saßen wir hier zusammen, eine Flasche Whisky auf dem Tisch, und diskutierten über Gott und die Welt und die Unsterblichkeit der Maikäfer, bis die Flasche leer war und der Morgen graute. Wir waren glücklich.

Dann geschah es: Wieder einmal verabschiedeten wir unsere Gäste und winkten ihnen vom Balkon aus noch einmal zu. »Bist du glücklich?« fragte ich Norman leise. Er legte seinen Arm um mich. »Ja, sehr. Aber weißt du«, begann er zögernd, »ich habe manchmal solche Schmerzen in der Brust. Ich sollte einmal zum Arzt gehen.« Ich erschrak. »Wie lange hast du diese Schmerzen schon?« fragte ich. »Ach«, wich er aus, »schon eine ganze Weile.« Ebenso wie die deutschen waren die englischen Männer seiner Generation dazu erzogen worden, keine Schmerzen zu zeigen, besonders dann nicht, wenn sie 25 Jahre in der Armee gedient hatten – eine unglaublich dumme und gefährliche Einstellung.

Ich ging mit Norman in die Klinik, wo er von oben bis unten untersucht wurde. Resultat: Angina Pectoris, schwere Arteriosklerose. Ich erschrak zu Tode. Norman war sich der Schwere dieser Diagnose überhaupt nicht bewußt. Unbekümmert lebte er weiter, so wie immer, weigerte sich, die verschriebenen Medikamente einzunehmen. »Diese Quacksalber!« schimpfte er,

»jedesmal, wenn ich die Pillen schlucke, geht es mir viel schlechter.« Das war klar: Wenn sich die Adern weiteten, um das Blut besser fließen zu lassen, hatte er Schmerzen. Ich bat ihn, ich flehte ihn an, seine Medizin einzunehmen. Er nahm mich in die Arme, küßte mich und sagte sorglos: »Die Hauptsache ist doch, daß wir glücklich sind. Und glücklicher als jetzt können wir doch nicht werden.« Noch immer klingen diese Worte, die er zwei Tage vor seinem Tod zu mir sagte, in meinen Ohren.

Am Morgen des 11. Dezember 1972, einem Sonnabend, geschah es dann. Wir hatten Freunde zum Abendessen eingeladen und wollten zum Einkaufen ins KaDeWe fahren. »Darling, ich hole schon das Auto. Bitte sei fertig, wenn ich komme«, sagte Norman. In meinem Mantel stand ich im Flur und hörte, wie er die Treppen hinauflief. »Ready, darling«, rief ich, »ich bin fertig.« Ich trat aus der Tür, um ihm entgegenzugehen. Da fiel er mir in die Arme und dann auf den Boden. Zunächst wußte ich überhaupt nicht, was passiert war. War er gestolpert? Aber worüber? Es gab doch keine Stufen vor unserer Wohnungstür. »Norman«, rief ich, »Norman! Um Gottes willen, hast du dir weh getan?« Von einer schrecklichen Ahnung erfaßt, klingelte ich an der Tür meiner Nachbarn. Drei junge Ärzte wohnten uns gegenüber, mit denen wir ab und zu mal ein Glas Wein getrunken hatten. »Norman«, stammelte ich, »Norman...« Sie liefen zu ihm, hoben ihn auf, legten ihn aufs Bett und sahen sich an. Sie wußten wohl schon, daß er tot war. Dennoch riefen sie einen Krankenwagen, um Norman ins Krankenhaus zu bringen. Das werde ich ihnen nie vergessen: Sie ersparten mir, mit ansehen zu müssen, wie er in einem Sarg aus dem Haus getragen worden wäre.

In ihrem Auto fuhren wir hinter dem Krankenwagen her. Dann saßen wir im Wartezimmer des Krankenhauses. Schweigend blickten mich die jungen Männer an. »Er hat einen Herzinfarkt, nicht wahr?« fragte ich. »Er wird sich doch erholen?« Die Antwort wurde ihnen abgenommen von einer Ärztin, die auf mich zukam. »Frau Huber, es tut mir leid, wir konnten nichts mehr tun.« Verständnislos blickte ich sie an. »Was soll das heißen, Sie konnten nichts mehr tun?« – »Frau Huber, Ihr Mann ist tot. Der Professor hat alles versucht. Es tut mir leid.« – »Nein, nein!« schrie ich außer mir. Eine Krankenschwester reichte mir zwei Tabletten: »Nehmen Sie die, das wird Sie beruhigen.« – »Nimm sie doch selber!« schrie ich und warf die Pillen auf den Boden. «Wo, wo ist er? Ich will ihn sehen!« – »Im Leichenhaus.« – »Ich muß ihn sehen!« schrie ich verzweifelt. »Wo ist das Leichenhaus?« Ich lief über den Hof, meine jungen Freunde, die Ärzte, hinter mir her.

Ein Mann in weißem Kittel kam aus dem Haus. »Mein Mann! Ich will meinen Mann sehen!« Ich war wie von Sinnen. »Er ist gerade hier eingeliefert worden.« – »Das geht nicht, ich habe jetzt Tischzeit«, antwortete der Mann völlig ungerührt. »Was!?« Ich hätte mich auf ihn gestürzt, hätten die jungen Ärzte mich nicht aufgehalten. Einer von ihnen ging auf den Mann zu und sprach eindringlich auf ihn ein. »Nun gut«, sagte er, »aber nicht lange.« Wir gingen in die Halle, und er rollte eine Bahre heran. Unter einem weißen Laken lag Norman. Mit unglaublicher Intensität blickte ich in sein Gesicht. Wie schön er war! Sein schmales Gesicht schien im Tode voller zu sein. Und dann diese Ruhe, dieser unsagbare Friede, der sich in seinen Zügen abzeichnete. »Norman«, flüsterte ich, »Norman, tu mir das nicht an. Norman, wach auf!« Ich war nicht mehr bei mir. Sanft nahmen meine Freunde mich in ihre Mitte und führten mich aus der Halle.

Nach Hause zurückgekehrt, saß ich stumm vor Schmerz auf meinem Bett. Ich öffnete den Mund, wollte alles herausschreien, aber war wie gelähmt. Ich starrte vor mich hin, starrte nur vor mich hin. In den darauffolgenden Wochen konnte ich nicht ertragen, mit Menschen zusammenzusein, die Norman gekannt hatten. Ich konnte es nicht ertragen, daß sie wohlwollend meine Hände hielten und mir mitleidig in die Augen schauten.

Aber wie oft bestimmen kleine und manchmal nichtige Ereignisse den Fortgang des Lebens. Von einem Offizier, der unter Normans Kommando auf Zypern gedient hatte, wurde ich zu einem Empfang eingeladen. Er hatte jetzt eine hohe Position in

Berlin und führte mit seiner österreichischen Frau ein entsprechend großes Haus. Ich folgte, wenn auch widerwillig, seiner Einladung zu einer Cocktailparty. »This is Mrs. Huber, the widow of Colonel Huber«, stellte er mich seinen englischen und amerikanischen Gästen immer wieder vor, bis ich es nicht mehr ertragen konnte.

Ich ließ mir ein Taxi kommen und fuhr nach Hause. Dort angekommen, nahm ich Normans Bild und warf es auf den Boden. »Nein«, schrie ich laut – ich muß zugeben, ich hatte schon einige Gin-Tonics getrunken –, »nein! Glaubst du, ich will mein Leben lang deine Witwe bleiben? Warum hast du mir das angetan? Warum hast du mich alleine sitzen lassen? Aber ich werd's dir zeigen. Ich kann auch alleine leben. Ich bin nicht nur deine Witwe, ich bin ich. Ich bin Lotti!«

Und dann ging es erst richtig los. Bruch mit allem, was vorher mein gesellschaftliches Leben ausgemacht hatte. Schluß mit der Schule – ich konnte nicht ertragen, wenn meine Schüler mich nach Norman fragten. Im Geiste sah ich ihn immer noch ins Studio kommen, mit Melone und umbrella, sich lachend das Monokel ins Auge klemmen. Weg damit! Nein, weg damit!

Schulz, unser 18jähriger Kater, starb ein paar Wochen später an Altersschwäche. Aber damals – ich hatte mein Gleichgewicht noch nicht wiedergefunden – glaubte ich, daß er sich zu sehr nach seinem Herrchen gesehnt hatte. Norman hatte er unglaublich geliebt. Und Norman war es, an den er sich immer geschmiegt hatte. Nun schnupperte Schulz an den Handtüchern, die Norman benutzt hatte und die noch immer im Badezimmer hingen, und schaute mich fragend an. Gut so, dachte ich, geht nur alle fort. Ich werd's schon schaffen! Ja, ich fing an, meine absolute Isolation wütend zu lieben.

Da saß ich nun in meiner großen Wohnung mit sechseinhalb Zimmern. Die hohe Miete – wie sollte ich sie bezahlen? Aus England bekam ich keine Witwenrente, da ich Norman erst nach seiner Pensionierung geheiratet hatte. Das einzige Geld, das mir zur Verfügung stand, waren siebentausend Mark vom Verkauf unseres Autos. Die Wohnung wollte ich behalten – sie ist mein Leben, ich liebe sie. Nachdenklich schaute ich mich um: Zimmer vermieten – das war die Lösung. So konnte ich mich erst einmal über Wasser halten.

Auf meine Annonce hin meldeten sich zwei blonde Schwestern, die eine medizinische Assistentin, die andere Chemikerin. Sie waren gerade nach Berlin gekommen. Die beiden, 23 und 25 Jahre alt, stammten aus dem Norden – so wie ich. Da war ich schon ganz glücklich: Die gehören hier rein, dachte ich. Mit Heike verstand ich mich besonders gut. Sie wurde mir eine wunderbare Freundin. Ja, ich behaupte sogar – obwohl sie es später immer lachend abwehrte –, daß sie mir durch ihr Da-sein den Mut zum Leben wieder gegeben hat. Rücksichtslos klopfte ich manchmal nachts an die Tür ihres Zimmers: »Heike, schläfst du schon? Laß uns eine Flasche Wodka trinken.«

Heike war immer da, zu jeder Stunde. Wir gingen ins Studio, tranken und tanzten wie die Irrwische herum. Meine Lieblingsplatte war Harry Belafontes ›Oh, my island in the sun‹. Heike konnte wunderbar radschlagen. Als wir eines Nachts genügend Wodka intus hatten, sah ich statt ihrer zwei langen Beine vier durchs Studio fliegen. »Oh, enough is enough«, dachte ich. Wir waren ein wunderbares Paar. Ihre Schwester Gaby hatte bald genug von diesem verrückten Haushalt. Im Gegensatz zu Heike war sie ein sehr sachlicher, nüchterner Mensch. Sie fand bald eine Wohnung und zog aus. Gut, dachte ich, dann muß jemand anderes her. Und so begann der »Tanz der Vampire« in meinem Haushalt. Das freigewordene Zimmer vermietete ich an Charles, einen jungen Amerikaner, »doing Europe«. Er war hochintelligent. In Amerika hatte er an der Universität ein heißbegehrtes Stipendium erhalten, das nur wenigen Auserwählten zuteil wird. Dieser Preis hatte es ihm ermöglicht, in Oxford zwei Jahre lang ein Studium seiner Wahl zu ergreifen. Nach Beendigung dieser Zeit – er hatte englische Geschichte gewählt – kam er nach Berlin. Auf junge Amerikaner übt Berlin immer noch eine ungeheure Faszination aus. Dazu hat der Schriftsteller Christopher Isherwood mit seinen in den dreißiger Jahren erschienenen Berlin-Büchern wie ›Mr. Norris steigt um‹ maßgeblich beigetragen. Auch der berühmte Film ›Cabaret‹ basiert auf einem Roman von Isherwood.

Bei Charles kam noch eine ganz persönliche Faszination hinzu. »Cherchez la femme«, pardon: in seinem Fall »cherchez l'homme«. Er hatte sich in Paris unsterblich in einen blonden, hochgewachsenen Deutschen verliebt, der von Kopf bis Fuß ein Preuße war. Liebestrunken hatte Charles ihn von Paris über Rom bis nach Berlin verfolgt. Und landete über einen gemeinsamen Bekannten bei mir als Untermieter. Charles, klein, drahtig und mit muskulösen Beinen, blickte verzückt aus seinen leicht geschlitzten, tiefblauen Augen auf den wesentlich größeren Deutschen. Bei den nur widerwilligen Besuchen seines »Freundes« rutschte Charles auf den Knien vor ihm hin und her und wimmerte um Liebe. Das war ein Drama! Gott sei Dank, daß ich damit nichts mehr zu tun habe, dachte ich mir – zu früh.

Noch immer litt ich an »fliegender Hitze«, ich war in den Wechseljahren. Luft, Luft! Nach Atem ringend riß ich die Fenster auf. Eine gute Bekannte, die Frau eines Arztes, gab mir den Rat, mir Hormonspritzen verpassen zu lassen. Also gut. »Machen Sie Ihr Gesäß frei«, kommandierte die resolute Schwester. Einen Tag in die rechte Pobacke, den nächsten in die linke Pobacke und so weiter. Dann geschah etwas Merkwürdiges: Ich wurde liebessüchtig! Auf wen richtete sich mein Begehren? Natürlich auf das mir nächste männliche Wesen – auf Charles! Armer Charles. Was ist nur mit Lotti los, fragte er sich, sie kennt mich doch? Ich verdrehte die Augen, wackelte kokett mit dem hormongespickten Hintern und zerbrach mir den Kopf, wie ich den armen Charles ins Bett bekommen könnte.

Ein Dinner! Ein Dinner, ja das war es. Durch die Jahrhunderte waren die kulinarischen Genüsse schon immer die Ouvertüre in Sachen Liebe gewesen. Charles war sowieso ganz schön verfressen, aber er war auch ein großer Gourmet. So säuselte ich also mit verführerischer Stimme: »Charles, dear. Tonight I invite you to have dinner with me.« Eifrig begab ich mich ans Werk.

Eine Fleischbrühe mit Sherry verfeinert, ein rosa gebratenes

Filetsteak, dazu in Thymian und Butter geschwenkte Champignons und junge Erbsen. Kartöffelchen mit Petersilie bestreut. Vanilleeis mit heißen Kirschen. Mokka mit meinem schottischen Lieblingslikör Drambuie, den ich noch mit einem Whisky zu verstärken dachte.

Und natürlich die Atmosphäre, die war auch wichtig. Also Kerzenschimmer. Ich hatte noch eine Schellackplatte von ›Whispering Smith‹ aus den dreißiger Jahren, zwar schon ein bißchen krächzend, aber das machte diesen verführerischen Song nur noch verführerischer.

> Ich küsse Ihre Hand, Madame,
> und träumt', es wär' Ihr Mund.
> Ich bin ja so galant, Madame,
> und das hat seinen Grund.

Wundervoll. Aber wer nicht kam, war Charles. Verzweifelt war er zu unserem gemeinsamen Freund geflüchtet, der dann auch prompt am nächsten Morgen anrief: »Sag mal, Lotti, was treibst du denn für wilde Sachen?« Da fiel es mir wie Schuppen von den Augen: die Hormonspritzen! Aufhören, sofort absetzen!

Es war mir ergangen wie Titania im ›Sommernachtstraum‹: Vom Zauber Oberons befreit, erkannte sie plötzlich, daß ihr leidenschaftliches Begehren einem Esel gegolten hatte. Nun, Charles war alles andere als ein Esel, aber... Ich wurde wieder normal und genoß das hormonische, pardon: harmonische Zusammenleben mit ihm.

Als nächster zog ein schwedischer Musiker ein. Er spielte Waldhorn und absolvierte den Rest seiner Ausbildung bei den Berliner Philharmonikern. Ich mochte ihn sehr, diesen großen, sensiblen Mann. Wir sprachen meist Englisch, was mir sehr gefiel. Schon morgens um sieben ertönte sein Waldhorn. Von den weichen, romantischen Tönen, die zu mir herüberdrangen, wurde ich immer geweckt. Manchmal glaubte ich tatsächlich, ich sei im Wald. Gustav erklärte mir das Instrument, das er so herrlich spielte. »Es gibt zwei Stile, das Waldhorn zu blasen«, sagte er, »den lyrischen englischen und den heroischen deutschen.« Da er ein großer Romantiker war, liebte er den weichen Stil mehr und litt Qualen, wenn sein Lehrer ihm den deutschen aufzwang. Oft gingen wir in die Oper, weil Gustav als Musikstudent Freikarten bekam. An einem Sonntagvormittag gingen wir gemeinsam zur Generalprobe von ›Tristan und Isolde‹, Daniel Barenboim dirigierte. Wir waren so ergriffen von der wunderbaren Musik des ›Liebestod‹, daß wir nach dem Konzert mit tränenüberströmten Gesichtern von der Bismarckstraße nach Hause schwankten. Leute drehten sich nach uns um und schüttelten den Kopf: Wie kann man am hellichten Tage so besoffen sein? Ja, besoffen waren wir: von der Musik.

Ich entschloß mich, noch ein drittes, kleines Zimmer zu vermieten: an einen zarten, blassen und ziemlich transusigen Jüngling, den ich »Apfel im Schlafrock« nannte. Er stammte aus Hamburg, wo sein Vater ein kleines Hotel hatte. Da er es übernehmen sollte, hatte sein Vater ihn gezwungen, eine Lehre im Hotel Vier Jahreszeiten zu beginnen. Diese Aussicht hatte ihn an den Rand der Verzweiflung gebracht. Er wollte nur eines: Schauspieler werden. So war er nach Berlin geflüchtet und hatte einen Job in einem Kinderhort gefunden. In seinem Zimmer hörte ich ihn zu jeder passenden und unpassenden Zeit im schönsten Hamburgerisch ›Hamlet‹ zitieren: »Sein oder Nichtsein...« Laß sein, laß sein, daraus wird doch nichts, dachte ich. Und hatte damit recht, wie sich später herausstellte.

Heike war, trotz ihres kühlen, nordischen Aussehens, eine leidenschaftliche junge Frau. Immer wieder fing sie eine neue Liebesaffäre an, um sie nach kurzer Zeit enttäuscht aufzugeben. Aufmerksam lauschte ich ihren Geschichten. »Macht nichts«, tröstete ich sie, »du hast noch Zeit. Deine Erfahrungen werden dich zu einer tollen Frau machen. Deine Chance kommt noch, da bin ich mir ganz sicher.« Aber eines ihrer Erlebnisse brachte mich außer Fassung. Sie hatte sich in einen Professor verliebt, der verheiratet war, aber von seiner Frau getrennt lebte. Im besten Alter, Mitte Vierzig, und mit seinen markanten

Zügen war er der Typ, der jeden Helden eines Kitschromans außer Konkurrenz gesetzt hätte.

Heike verlebte also eine heiße Nacht mit ihm. Beim gemeinsamen Frühstück am nächsten Morgen fragte er sie, ob sie ihm wohl einige Hemden bügeln könne. Ich war sprachlos. »Und was hast du gesagt?« fragte ich. »Na ja«, stotterte sie, »ein bißchen schockiert war ich schon.« – »Wehe«, rief ich empört, »wehe, wenn du das machst! Dann brauchst du kein Wort mehr mit mir zu sprechen. Untersteh dich, auch nur eine einzige Manschette zu bügeln!« Ich weiß nicht, ob Heike ohne meine Empörung ihm nicht doch ein oder zwei Hemden gebügelt hätte. Wie dem auch sei: Kurz darauf traf sie den »Mann ihres Lebens« und beschloß, mit ihm zusammenzuziehen und ihr Zimmer bei mir aufzugeben. Es fiel mir nicht leicht, sie gehen zu lassen. Ich hatte mich sehr an sie gewöhnt.

Wieder mußte ein neuer Mieter her, schließlich wollte ja die Miete bezahlt sein. Diesmal kam ein junger Amerikaner, der – wie sich herausstellte – einmal der Geliebte Rosa von Praunheims gewesen war. Allerdings kannte ich Rosa damals noch nicht. Es ist mir heute noch schleierhaft, wie ich Mike ertragen habe. Er war ein sehr attraktiver junger Mann, und das Telefon stand nie still: Tag und Nacht hingen seine Verehrer an der Strippe. Außerdem brachte er ein kleines Piano mit, auf dem er ein Musical komponierte – das behauptete er zumindest. Manchmal sang er die nicht gerade originellen Melodien lautstark mit. Dazu ertönte das Waldhorn des Schweden und gleichzeitig der Hamlet-Monolog vom »Apfel im Schlafrock«. Manchmal dachte ich, ich bekomme einen Nervenzusammenbruch.

Durch Zufall begegnete ich einer ehemaligen Schülerin, die gehofft hatte, ein Mannequin zu werden. Sie erzählte mir, daß sie jetzt Propagandistin sei. »Was ist denn das?« fragte ich. »Nun ja, du stehst in Warenhäusern herum und preist Produkte irgendeiner Firma an. Mühsam«, meinte sie, »aber man kommt durch. Und wenn ich bei diesem Job meinen Charme spielen lasse, habe ich ja immer noch die Chance, als Model entdeckt zu werden«, kicherte sie. Das könnte ich doch auch machen, dachte ich. »Wie kommt man da ran?« fragte ich sie. »Das ist ganz einfach. Ich werde Sie meinem Chef vorstellen. Er wird entzückt sein. Sie sind doch ein Knüller, Frau Huber.«

Ob er auch dachte, daß ich ein Knüller sei, weiß ich nicht. Jedenfalls wurde ich engagiert. Also ging es los, schon morgens um sieben kreuz und quer durch Berlin. In die Markthallen, in die Tante-Emma-Läden, in die großen Warenhäuser: »Wie wär's mit einem Gläschen?« flötete ich. Und mein Chef fragte dauernd: »Haben Sie schon etwas verkauft? Wieviel haben Sie verkauft? Warum haben Sie nicht verkauft? Wir müssen verkaufen, verkaufen, verkaufen!« Es war grau-en-haft. Aber dennoch interessant. Ich hatte gedacht, schon alles über Menschen zu wissen, aber mußte nun erkennen, daß ich noch so einiges dazulernen konnte.

Ich wurde ein Verkaufs-As. Zwar sahen die fest Angestellten in mir einen sehr exotischen Vogel – »Wat will die denn hier?« –, aber nach dem ersten Beschnuppern akzeptierten sie mich kameradschaftlich. Da ich Top-Resultate erzielte, waren meine Firma und der Abteilungsleiter mir sehr zugetan. Viele der Propagandistinnen waren Ex-Schauspielerinnen, respektable Witwen – so wie ich. Ha! Wir hatten sogar eine Von-und-zu in unserer Truppe. Alle wollten ihre bescheidene Rente aufbessern und ließen immer wieder durchblicken, daß sie eigentlich etwas Besseres seien. Daher verabscheuten sie auch die Arbeit in den Markthallen und – wie sie es nannten – sich unter den Pöbel mischen zu müssen. Ich liebte die Markthallen! Wie heißt es doch so schön: dem Volk aufs Maul schauen. Alles war so ursprünglich, so echt, so ehrlich. Ich mußte unwillkürlich an Vater Zille denken.

Eine über hundert Jahre alte Markthalle in Moabit liebte ich besonders. Dort herrschte eine richtige »Kumpel-Atmosphäre«. »Kleene«, riefen mir die Verkäuferinnen von ihren verschiedenen Ständen zu, »schieb mal'n Drink rüber. Kriegst ooch ne Bulette.« Tauschgeschäfte! Und dann stand man da rum, die Zigarette lässig im Mundwinkel – na, das hätte ich mir mal im KaDeWe erlauben sollen –, und bot seine Schnäpse an. Und jemand, der Schnaps verkauft, ist natürlich äußerst beliebt bei den Pennern, die ständige Besucher der Halle waren. Da standen sie in Gruppen herum, tranken ihre Flachmänner und pinkelten hier und da durch ihre Hosen auf den Boden. Wenn es den Marktleuten zu viel wurde, riefen sie die Polizei. Die jagte dann die Brüder davon – aber nach einer Stunde waren alle wieder da. »Haste mal'nen Kleenen für mich?« machten sie mich an. Ich ließ mich erweichen. »Aber nur einen, und dann verschwinde!« Ich konnte gut mit ihnen umgehen, hatte ich doch genug Training von Kyrenia her. Trotz meiner Strenge war ich sehr beliebt bei den Schnapsbrüdern. Zu Pfingsten schenkten sie mir einen bunten Blumenstrauß. Jeder einen Flachmann weniger – so hatten sie ihn finanziert. Ich war gerührt.

Dennoch war ich ziemlich geschafft von dem Job und spielte immer wieder mit dem Gedanken, ihn aufzugeben. Diese Entscheidung wurde mir dann aber abgenommen: Die meisten Firmen meinten, daß sich Werbung durch Propagandistinnen nicht mehr rentiere. So auch mein Arbeitgeber. Erleichtert sagte ich Adieu.

Aber was nun? Ich brauchte dringend einen neuen Job. Wieder kam mir der Zufall zu Hilfe. Auf der Straße begegnete ich einer anderen ehemaligen Schülerin von mir. »Wie geht es dir, meine Kleine?« fragte ich sie. Sie war hübsch geworden, freier, selbstbewußter. »Na, wie mir scheint, hast du doch etwas bei der alten Huber mitbekommen«, stellte ich fest. »Und wie!« antwortete sie mir strahlend, »ich bin jetzt beim Film!« – »Beim Film?« – »Ja, ich mache Statisterie. Da verdient man ganz gut.« Lachend schaute sie mich an. Dann wurde ihr Blick prüfender. »Frau Huber, das sollten Sie auch machen. Sie sind doch ein Typ. Kommen Sie doch einfach mal mit«, drängte sie mich, »morgen gehe ich wieder zum Künstlerdienst.«

Am nächsten Tag begleitete ich sie. Wohlwollend blickte mich die Dame hinter dem Schreibtisch an. »Sie sind doch ein Typ«, wurde zum zweitenmal festgestellt. »Mal sehen, was sich da machen läßt.« Ich füllte einen Fragebogen aus: spreche Englisch, spreche Französisch, tanze, habe Cabaret-Erfahrung –

und bin 65 Jahre jung. Ein paar Tage später kam ein Anruf: »Frau Huber, haben Sie Lust, im ›Gigolo‹ mitzumachen!« Gigolo! Schöner Gigolo, armer Gigolo, denke nicht mehr an die Zeiten, wo du als Husar, goldverschnürt sogar, konntest durch die Straßen reiten – ein Schlager der zwanziger Jahre. Also ein Film über die Zeit nach dem Ersten Weltkrieg, über Inflation, Neureiche und Gigolos. Herrlich! »Können Sie Charleston tanzen?« – »Klar!« – »Können Sie Tango tanzen?« – »Sicher!« Natürlich machte ich mit.

Einen Tag vor Drehbeginn wurden wir von dem Choreographen des Films, Herbert F. Schubert, begutachtet: »Wer kann Tango tanzen! Wer Charleston?« Na! Während die Älteren verklemmt dasaßen und die Jüngeren dumm aus der Wäsche guckten, legte ich los. »Der Regisseur wird sich morgen über Sie freuen«, meinte Herbert F. Schubert. Und das tat er auch. Als ich am nächsten Tag die Szene betrat, fühlte ich mich in meine Jugend zurückversetzt. Ich war hingerissen: Alles war im Charleston-Stil hergerichtet, und die Frauen sahen bezaubernd aus in ihren Originalmodellen aus den Zwanzigern.

Wie verlangt, tanzte ich voller Temperament – und gefiel David Hemmings, dem Regisseur. Der Aufnahmeleiter, Axel Baer, pflanzte sich mit tierischem Ernst vor mir auf und verkündete feierlich: »Der Regisseur hat beschlossen, daß Sie ab heute Schauspielerin sind.« Na, so was! Am liebsten hätte ich ihm einen Geheimtip gegeben: Schätzchen, das bin ich seit meiner Geburt, seit ich den ersten Schrei ausgestoßen habe. Das Erfreuliche war, daß mein Statistenhonorar sich in eine richtige Gage verwandelte. Und ich bekam mehr Drehtage: Aus zehn Tagen wurden vierzig. »Where is Lottie?« rief David Hemmings immer wieder und baute mich in die verschiedensten Szenen ein. David Hemmings ist selbst Schauspieler und berühmt geworden durch den herrlichen Film ›Blow-up‹, in dem er einen jungen, besessenen Fotografen spielt.

Hemmings wollte wissen, ob ich ein Ufa-Star gewesen sei. Darüber mußte ich lachen. »Darling«, antwortete ich, »not a star of Ufa, but a star of life.« Der Film war leider kein großer

Erfolg. Böse Zungen behaupten, daß er ein Abschreibungsobjekt gewesen sei. Immerhin spielten Kim Novak, Sydne Rome, Curd Jürgens und David Bowie die Hauptrollen. David Bowie war unglaublich nett und sein Auftreten sehr bescheiden. Aber für die Rolle eines jungen preußischen Leutnants nach dem Ersten Weltkrieg war er meiner Ansicht nach nicht die ideale Besetzung. Die Sensation war, daß Marlene Dietrich eine kurze Szene in dem Film hatte, in der sie den Titelsong ›Schöner Gigolo, armer Gigolo‹ sang – leider auf Englisch. Die Aufnahmen für diese Szene wurden in Paris gedreht, wo sie lebt. Ich war ein bißchen traurig, als ich sie später in dem fertig geschnittenen Film sah: Ich empfand ihren Auftritt als pathetisch.

Wie mich diese Arbeit fesselte! Ich wünschte, sie würde nie enden. Unter den Kleindarstellern lernte ich die faszinierendsten Persönlichkeiten kennen, mit hochinteressanten Vergangenheiten. Und vor allen Dingen lernte ich, mich vor der Kamera richtig zu bewegen. Aber leider: Die Filmarbeiten gingen zu Ende. Nach der Premiere des ›Gigolo‹ ging ich völlig gebrochen nach Hause. Ich konnte nicht verstehen, wie ein so wunderbares Thema, das mit einem solchen Aufwand umgesetzt worden war, dermaßen in die Hose gehen konnte. Aber bald erholte ich mich von meinem Schock. Die Hauptsache war: Ich hatte einen Einstieg ins Filmgeschäft.

Um meine laufenden Kosten zu decken, reichte es natürlich nicht, ab und zu bei einem Film mitzumachen. Aber wieder einmal traf ich eine ehemalige Schülerin, die mich auf eine neue Idee brachte. Sie war die Tochter eines sehr reichen, despotischen Vaters, der sich berufen fühlte, ihr ganzes Leben zu dirigieren. Sein Druckmittel war natürlich das Geld. Aber meine junge Freundin erwies sich als kämpferische Natur. »Ich werde es Papa schon zeigen. Ich übersetze jetzt ›Schnulzen‹ aus dem Englischen, oder – wie mein Verlag es nennt – ›romantische Novellen‹. Das ist kein schlechter Job.« Meine grauen Zellen begannen sofort zu arbeiten. »Gib mir mal die Adresse.«

Ich schrieb an den Verlag, der mir einen Text zur Probeübersetzung schickte. Ich bestand die Prüfung und bekam sofort ein

Buch zur Übersetzung zugesandt: ›Primitive Splendour‹. Alleine der Titel bereitete mir soviel Vergnügen, daß ich mich voller Enthusiasmus auf die Herz-Schmerz-Geschichte stürzte. Da ich nicht tippen kann, brauchte ich eine Mitarbeiterin. Heike! Ich hängte mich ans Telefon und fragte meine ehemalige Untermieterin, zu der ich noch immer guten Kontakt hatte, ob sie mit mir zusammen »schnulzen« wolle. Sie wollte. Wir waren ausgezeichnete Partner und fielen manchmal bei der Arbeit vor Vergnügen fast unter den Tisch.

Aber da gab es noch eine andere Seite, die für mich sehr wichtig war. Nach 25 Jahren im englischsprachigen Raum hatte mein Deutsch einen kleinen Knacks bekommen: Ich sprach mit englischer Satzstellung. »Sie sprechen aber gut Deutsch«, bekam ich des öfteren zu hören, »woher kommen Sie!« Das ärgerte mich, schließlich ist Deutsch ja meine Muttersprache. Die Übersetzungen brachten mein Deutsch wieder auf Trab. Jetzt ist es wieder tadellos.

Und wie mich die tierisch ernsten Anweisungen des Verlages amüsierten: »Nehmen Sie unsere Romane, die unbestreitbar Kinder der leichten Muse sind, nicht auf die leichte Schulter. Lassen Sie sich nicht durch die leichte Lesbarkeit zu dem Trugschluß verführen, das könne jeder gewissermaßen mit links. Vor allem aber, versuchen Sie eines nie: so zu schreiben, wie es Lieschen Müller gern hat. Wir kennen kein Lieschen Müller.« Herrlich! Ich mußte lachen, aber wie recht hatte der Verlag. Diese »romantischen Novellen« haben Millionen von Leserinnen. Sie fühlen sich angesprochen von etwas, das sie verstehen und was sie betrifft. Daher sind sie auch ein Bombengeschäft.

Trivialliteratur – was heißt das eigentlich? Man soll nicht denken, daß solche Übersetzungen leicht sind. Selbst Anglistikprofessoren sind schon als Übersetzer solcher »Kitsch«-Romane gescheitert: weil sie nicht aus dem Bauch übersetzen können. Die Sprache des Lebens ist einfach, aber man unterscheidet zwischen U- und E-Literatur. Die Intellektuellen leiden meistens an emotionaler Verkrüppelung. Leben findet erst einmal im Bauch statt – und nicht im Kopf.

Wenn man einen Satz dreimal lesen muß, um ihn zu verstehen – ist das wertvolle Literatur? Dazu fällt mir das Märchen von des Kaisers neuen Kleidern ein. »Aber er hat doch gar nichts an«, ruft das kleine Mädchen, während alle anderen »Oh!« und »Ah!« schreien. Ich bin wie das kleine Mädchen. »Das verstehe ich nicht«, rufe ich manchmal. Und muß ich mir dann in langen Diskussionen den Kopf darüber zerbrechen: Was hat sich der Autor dabei gedacht? Ich als Leser verlange vom Autor: Schüttle mich, rüttle mich, fasziniere mich, reiß mich aus der täglichen Routine, gib mir Denkanstöße! Muß ich etwas lesen? Quatsch. Ich will etwas lesen.

Lieber großer Meister Marcel Reich-Ranicki, sicher stimmst du mit mir nicht überein und schüttelst mehr aus Mitleid als aus Zorn den Kopf über mich. Dazu muß ich sagen: Wenn mich auch dein Intellektualismus manchmal bis zur Magenverstimmung irritiert, entzückst du mich immer wieder mit deinem sprühenden Temperament, deiner feurigen, jugendlichen Begeisterungsfähigkeit. Mögest du noch lange alle Lahmärsche ärgern, die sich hilflos gegen dein großes Wissen wehren!

Dies war eine kleine Abschweifung. Aber ich liebe Abschweifungen, sie sind manchmal interessanter als das Thema. Doch nun zurück zum Thema.

Eine andere Ermahnung des Verlags lautete: »Bitte achten Sie darauf, daß die Heldin nicht zu hausbacken und nach amerikanischem Geschmack angezogen ist. Sie sollte möglichst nicht immer bequeme flache Schuhe, beigefarbene Hosen und braunkarierte Baumwollblusen tragen oder einen lila Faltenrock zu einer rotgeblümten Hose.« Es machte mir unendlichen Spaß, die Heldin nach meinem Geschmack einzukleiden: sexy und verführerisch. Raus aus den grauen Klamotten und rein in die romantischen Kreationen! Hier eine kleine Improvisation:

»Der von winzigen, geheimnisvoll auffunkelnden Goldpailletten übersäte Chiffon umhüllte ihre schlanke Figur, schmiegte sich um ihre jungen, festen Brüste und um ihre runden Hüften. Bei jedem Schritt, den sie in ihren weichen goldenen Sandaletten tat, hob und senkte sich der hauchdünne Chiffon und entblößte die schlanken Fesseln ihrer wohlgeformten Beine. Um ihren Hals hing ein dünnes Goldkettchen mit einer Perle. Sanft schimmerte sie in dem tiefen Ausschnitt ihres Kleides. Zu ihrem 18. Geburtstag hatte Wolfgang ihr eine Rose überreicht, in der, wie ein Tautropfen zitternd, diese Perle gebettet lag. ›Aber Perlen bedeuten doch Tränen‹, hatte Undine geflüstert. ›In diesem Fall werden es Tränen des Glücks sein.‹ – ›Undine‹, dachte er, ›Undine, wie schön du bist!‹ Er konnte den Blick nicht von ihr wenden.«

Inzwischen wurde wieder einmal ein Film gedreht, in dem ich mich als Kleindarstellerin betätigen konnte. 1981 verfilmte Hans Geissendörfer den ›Zauberberg‹ von Thomas Mann. Ich stellte eine Art russische Skandalnudel dar. Man hatte keine Ausgaben gespart, um den Film in echtem Jugendstil auszustatten. Herrliche Kleider aus Wien mit Hunderten von Häkchen und Knöpfchen. Wie sorgfältig damals gearbeitet wurde – und alles mit der Hand! Fasziniert beobachtete ich in der Garderobe, wie junge Mädchen mit Jeans und T-Shirt sich in eine Grande Dame der Jahrhundertwende verwandelten. Es gab eine Unmenge von Statisten und Kleindarstellern, die sich in diesem Film in vielen Sprachen miteinander verständigten: Russen, Argentinier, Engländer, Amerikaner, Franzosen, Spanier. Die Russen waren würdevoll und konservativer als alle anderen. Es war ein schillerndes, wildes Durcheinander von Menschen, denen ich begegnete. Die Dreharbeiten fand ich wesentlich interessanter als später den fertigen Film. Als sie sich ihrem Ende näherten, geschah etwas Wundervolles. Ein Mann trat in mein Leben: der Filmregisseur Rosa von Praunheim.

Eines Tages erschien ein Freund von mir, ein Journalist, an meiner Tür. Hinter ihm lugte – wie mir schien, sehr schüchtern – ein gut aussehender Mann über seine Schulter. Bescheiden stand er da. »Das ist Rosa von Praunheim. Er möchte dich kennenlernen.« Was!? Dieser nette, wohlerzogen scheinende Mann sollte Rosa von Praunheim sein, der Bürgerschreck? Rosa von Praunheim war in den sechziger Jahren eine Skandalnudel des Films und ist ein genialer Regisseur, vom konventionellen Publikum gehaßt und verehrt im Underground. Er hatte als erster den Mut, das »Schwulenproblem« auf die Leinwand zu bringen und die Homosexuellen aufzufordern, sich gegen die Diffamierungen der Gesellschaft zu wehren. Wie ich Rosa liebe! Er ist boshaft, ja böse, humorvoll und ungeheuer sensibel, unbequem und faszinierend zugleich. Seine bizarren Einfälle entzückten mich. Er ist ein Poet, eine Giftnudel, Melancholiker, Romantiker und Zyniker – und ein aggressives Aas. Für mich wurde er und ist es noch immer: mein geliebtes Monster.

»Kommt rein«, sagte ich ein wenig fassungslos. Wir setzten uns ins »Kabäuschen«, mein kleines Lieblingszimmer, in dem ich schon mit Norman gesessen hatte und das zu meinem »Denkzimmer« geworden ist. Hier schrieb ich nach Herzenslust, folgte meinen Inspirationen und diskutierte mit Freunden bei Kerzenlicht und einer guten Flasche Wein. Je enger es im »Kabäuschen« wurde, um so gemütlicher fanden wir es, um so angeregter war die Unterhaltung. Nun saß also Rosa von Praunheim mir gegenüber. Aufmerksam musterte er mich mit seinen seltsamen Augen, die manchmal von grau zu goldgelb wechselten. Er ist ein Raubtier, dachte ich, eine Tigerkatze. Vorsicht!

Ich überspielte meine Nervosität, indem ich munter drauflos schnatterte. »Rosa möchte gerne einen Film über fünf Frauen machen, die alle über sechzig sind«, erklärte mir mein Freund. »Über ihr Leben und ihre Vergangenheit. Vier Frauen hat er schon, da dachte ich, du wärest die richtige fünfte.« Ich war damals 68 Jahre alt. »Ach?« Die Idee gefiel mir. Neugierig betrachtete Rosa mich. »Aber warum fünf Frauen?« fragte ich ihn. »Mach doch einen mit mir alleine.« Über diese Bemerkung lacht Rosa noch heute, aber inzwischen hat er wirklich einen Film mit mir alleine gemacht: ›Affengeil‹.

Freunde hatten mich gewarnt, daß er seine Schauspieler rücksichtslos ausnutze, sie wie eine Zitrone ausquetsche und dann auf den Müll werfe. Das beeindruckte mich überhaupt nicht: »Soll er doch quetschen«, sagte ich sorglos. »Diese Zitrone hat noch viel Saft!«

Der Film mit den fünf Frauen wurde gedreht: mit Lucy, Maria, Inka, Madeleine und mir. Der provozierende Titel lautet: ›Unsere Leichen leben noch‹. Nie hätte ich gedacht, daß dieser Film, der die turbulenten Lebensgeschichten von fünf lebenslustigen »alten Damen« erzählt, so ein Erfolg werden würde. Das Sensationelle war, daß wir gar kein Drehbuch hatten. Frei nach Schnauze wurde jeden Tag frisch geplant: »Was machen wir heute?« Ich glaube, dieser ungewöhnlichen Methode verdankt der Film seine ungeheure Vitalität. Das Leitmotiv des Films war ein Song, die Musik stammt von Hans Wittstatt, den Text haben wir mit Rosa zusammengebastelt. Er wurde zwar auf Platte aufgenommen, ist aber nie ein Hit geworden. Eigentlich hätten die Grauen Panther begeistert zugreifen müssen.

Unsere Leichen leben noch

Wir sind vital und wild und klug
und schön und sexy, voller Glut.
Wir rasseln mit den Knochen bis zum Schluß.
Das Leben heißt für uns – Genuß.

Unsere Leichen leben noch,
unsere Körper sind noch warm.
Unsere Leichen beben noch,
tragen den Kopf nicht unterm Arm.

Wer da aufgibt, ist verloren,
ohne Freud lebt er dahin.
Nur wer liebt, wird neu geboren,
gibt dem Leben einen Sinn.

Ratatatata, ratatatata, ratatatata.

Warum seid ihr nicht so wie wir,
so wach und voller Lebensgier?

Laßt doch das Leben nicht vorübergehen,
nutzt die Zeit, dann wird es schön.

Unsere Leichen leben noch,
unsere Körper sind noch warm.
Unsere Leichen beben noch,
tragen den Kopf nicht unterm Arm.

Ist der Zug erst abgefahren,
bringt ihn keine Zeit zurück.
Und zu spät wird man erfahren,
daß es aus ist mit dem Glück.

Ratatatata, ratatatata, ratatatata.

Als der Film im Fernsehen gezeigt wurde, bekam ich eines Morgens um sieben einen Anruf von einer alten Frau. Der Stimme nach zu urteilen, die da durchs Telefon krächzte, mußte sie in meinem Alter sein. »Wo bleibt die Würde des Alters?« klang es mir schrill-heiser entgegen. »Was?« Verständnislos rieb ich mir den Schlaf aus den Augen und sagte ihr: »Sie haben die falsche Nummer gewählt. Die wohnt hier nicht.«

Die Würde des Alters – was ist das? Alt werden, hilflos und senil zu werden, auf einem toten Gleis zu landen – ist das Würde? Die Weisheit des Alters – ja, darüber kann man schon reden. Aber wie oft schmückt die schon einen alten Menschen? Ist alt werden und noch nichts dazu gelernt haben Würde? Ich legte den Hörer auf und ging wieder ins Bett.

Immer wieder fällt mir auf, wie rührend Rosa sich während der Dreharbeiten um sein Team kümmert. Er macht keinen Unterschied zwischen Star und Statist, behandelt alle gleich. »Man fühlt sich wie eine Familie«, sagte einmal eine Kleindarstellerin zu mir. Und so ist es: Wenn Rosa filmt, ist er der »Daddy« von allen. Das bedeutet natürlich nicht, daß man immer restlos glücklich mit ihm ist. »Daddy« kann sich blitzschnell und völlig unerwartet in ein Monster verwandeln – »Dr. Jekyll und Mr. Hyde« lassen grüßen. »Liebling, du warst einfach wundervoll!« stellt er fest, um am nächsten Tag mit der gleichen Intensität mitzuteilen, daß man einfach grauenhaft war und daß er nun alles ändern müsse und daß er eigentlich sehr enttäuscht sei. Ich habe mich allmählich an diese Stimmungsschwankungen gewöhnt und denke immer: Ende gut, alles gut. Aber ich muß schon sagen: Es hat doch eine Weile gedauert, bis ich diese Schocks verdaute.

Immer wieder bewundere ich bei Rosa die Originalität seiner Einfälle. Aber er braucht »seine Leute« und bittet sie, mitzudenken und mitzuarbeiten. Begeistert sitzt man am Tisch, schwitzt sich Geschichten aus und zeigt sie ihm voller Stolz. Dann schaut er einen durch seine Goldrandbrille wie eine Klapperschlange an und teilt einem freundlich mit: »Also grauenhaft! So einen Blödsinn hab' ich lange nicht gehört.« – »Dann mach doch deinen Scheiß alleine...« Tut er auch. Aber erst einmal braucht er die Anregung, um seine eigenen Ideen zu kristallisieren.

Alle Filme, die ich mit Rosa gedreht habe, liebe ich. Für meine Begriffe sind sie hervorragend, aber in Deutschland nicht richtig gewürdigt worden. Der 1984 gedrehte Film ›Horror Vacui‹ beispielsweise wurde von der Los Angeles Film Critics Association als »Best Independent/Experimental Film« ausgezeichnet. Ich spiele darin einen Professor, der – als Frau – in seinem Etablissement seine Opfer anlockt, die dann um ihn herumtanzen wie die Motten um das Licht. Eine hervorragende Persiflage auf alle Gurus – und eine Bombenrolle. In der Maske des Professors Kutowski erkannten mich nicht einmal meine Mitspieler. Selbst Klärchen, eine wundervolle Berliner Type aus dem Wurschtladen nebenan, deren Kundin ich seit Jahren bin, fragte nicht wie sonst: »Meene Kleene, willste'n Stück Wurscht haben?« Als ich mit Rosa und dem genialen Maskenbildner hereinspazierte, meinte sie distanziert höflich: »Die Herrschaften wünschen?«

Ich erlebte eine unerhörte Verwandlung, nicht nur durch die brillante Maske, sondern auch in bezug auf mein Verhalten.

Unwillkürlich ging ich mit schlurfendem Schritt, gebeugtem Rücken und starrte die Leute durch meine Hornbrille furchterregend an. Ich räusperte mich anders als sonst, strich mir über den Bart – ich war Professor Kutowski. Von Lotti Huber blieb auch nicht das geringste übrig. Später hängte ich ein gelungenes Porträtfoto des Professors in mein Studio. »Wer ist denn das?« fragten mich Bekannte. »Mein neuer Freund«, sagte ich verschämt. »Interessanter Typ«, wurde festgestellt, »aber – da ist etwas im Ausdruck seines Gesichtes: ein gefährlicher Bursche. Paß gut auf dich auf!« riet man mir. Ja, das war ein Spaß.

Die hohe Begabung, die Genialität bei homosexuellen Männern begeistern mich immer wieder. Durch ihre Kreativität bereichern sie das geistige und künstlerische Leben einer Gesellschaft ungeheuer. Warum akzeptiert man Homosexualität nicht als eine Variante der vielen Sexualitätswünsche? Abartig? Lächerlich! Wieviele heterosexuelle Männer suchen in Bordellen oder bei Callgirls eine neue Sexualstimulans für ihre »abartigen« Liebeswünsche, die sie sich in ihrer konventionellen Ehe nicht erfüllen können?

»Er ist ein Arschficker.« Wie oft höre ich eine solch abfällige Bemerkung über einen homosexuellen Freund. Aber wieviele Heteros finden den Eintritt in das Hinterteil ihrer Frau reizvoller als in das offiziell genehmigte Tor der Liebe? Auch mein Mann schätzte meinen Popo sehr. Was hätte er gesagt, wenn ich mich in dem genußvollen Akt plötzlich umgedreht und ihm Professor Kutowski aus ›Horror Vacui‹ entgegengeblickt hätte? Hätte er sich dann eines homosexuellen Liebesaktes schuldig befunden? Der Unterschied ist so gering! Gertrude Stein sagt: »A rose is a rose is a rose is a rose.« Ich sage: »Ein Popo ist ein Popo ist ein Popo ist ein Popo.«

Und außerdem: Hat der Mann nicht den Mann immer mehr als die Frau geliebt? Ist das Militär, ist die Kirche nicht unterschwellig eine homoerotische Männergesellschaft? Mon Général, mon Colonel, Euer Hochwürden! Kniefall, Salut, auf dem Bauch liegen vor der Erotik des Mannes. Welche Wollust, sich unterzuordnen. Frau und Kind werden verlassen, um sich der erotischen Kameradschaft zwischen Männern hinzugeben.

Alexander der Große und Napoleon waren Meister der militärischen Erotik. Wie heißt es doch so schön in der Bibel: »... der werfe den ersten Stein.« Es gibt nur eine Kraft, die man der brutalen Gewalt der Sexualität entgegensetzen kann: Liebe – Liebe – Liebe. Jeder hat das Recht zu lieben, wen und wie er will.

Im Jahr 1984 wurde Rosa von dem damaligen Dramaturgen des Renaissance-Theaters aufgefordert, einen Cabaret-Abend oder – wie man auf englisch sagt – eine »Intimate Revue« für das Theater zusammenzustellen. Es sollte eine Nachtvorstellung werden. Rosa strotzte nur so vor bizarren Ideen. Der Vorstand des Theaters, respektable und würdige Herren, war entsetzt, das Publikum hingegen entzückt. Wir waren eine prima Crew, die Rosa sich da zusammengesucht hatte. Kai Rautenberg, der bekannte Pianist des Rias-Orchesters, begleitete uns liebevoll am Klavier. Mit einem Lied hatte ich ungeheuren Erfolg:

Fehltritt in den Dünen

Das Meer!
Geruch von Algen – prickelnde Haut – zerquetschte Krebsschwänze.
Wassertropfen, die wie Tränen in den Sand fallen.
Plötzlich stand der Fremde vor mir.
Wie Gold glänzte sein Haar im schimmernden Mondlicht.
Er erklärte mir seine Liebe – auf französisch.
Ich floh – er hinterher.
Ich floh – er immer noch hinterher!
Nein, rief ich, nein, mein Körper gehört nicht mir!
Ich bin verheiratet!
Aber mein Körper stöhnte: Ja! Ja!! Ja!!!
Der Fremde hatte mich schon längst erobert.
Seine Hände umfaßten meine wogenden Brüste,
seine Arme waren wie Stahl, seine Schenkel wie Beton.

Hah, wir sanken zu Boden.
Schamlos wälzten wir uns im feuchten Schilf.
Dornige Disteln drangen in mein sündiges Gesäß,
aber ich fühlte nur ihn – ihn – ihn.
Rausch – Ekstase – Röcheln – erstickte Schreie – aaah!

Plötzlich zerriß die süße Stille das Knattern eines Motorbootes.
Oooh!
Es ist Eberhard, mein Mann, rief ich entsetzt.
Mein Geliebter raffte seine Hosen und floh, floh...
Laß mich nicht allein in meiner Schande, wimmerte ich.
Nur mühsam erhob ich mich.
Mit loderndem Blick stand mein Mann vor mir.
Seine Verachtung traf mich wie ein Peitschenhieb.
Sein letztes Wort war: Schamlos!!!
Ich verlor alles:
meinen Mann – mein Heim – und meine Witwenrente.

Mit Rosa zu reisen ist ein wahres Vergnügen. Wir haben immer ungeheuren Spaß. Rosa ist ein wundervoller Reisebegleiter, aber auf eines kann er nicht verzichten: alle Boshaftigkeiten und Gemeinheiten auf mich loszulassen, wenn wir im Flugzeug sitzen. Da weiß er genau, daß ich ihm ausgeliefert bin und nicht fliehen kann. Und er weidet sich an meinem Frust.

Wo waren wir nicht überall, um unsere Filme vorzustellen? Zürich, Paris, London, Amsterdam, New York. In Paris war es besonders komisch. Der Film ›Unsere Leichen leben noch‹ wurde im Centre Pompidou gezeigt. Nach der Vorführung kam eine Frau auf mich zu: »Madame, votre filme est un cauchemar – dieser Film ist ein Alptraum.« Worauf ich unbeeindruckt antwortete: »Madame, das ganze Leben ist ein Alptraum, wissen Sie das nicht?« Ich hatte den Eindruck, daß die Franzosen den Film nicht verstehen.

Eine besondere Erfahrung machte ich in Holland. Das Goethe-Institut hatte in der Kunstschule von Arnheim Vorführungen von Rosas Filmen arrangiert. »Sie sprechen am besten englisch«, riet uns der Leiter des Goethe-Instituts, »da sehr viele Holländer noch immer starke Ressentiments gegen die Deutschen haben.« Also gut. Für mich gab es Blumen und Applaus. Dann begann Rosa auf englisch über seine Arbeit zu sprechen. Ein Student meldete sich: »Ihr kommt doch aus Berlin«, sagte er auf deutsch, »warum sprecht ihr nicht deutsch?« Rosa kam ins Schleudern. Der Leiter des Goethe-Institutes räusperte sich nervös. Da ergriff ich das Wort: »Es wurde uns gesagt, daß die Holländer immer noch Vorbehalte gegen die Deutschen haben. Das ist verständlich, aber wir müssen wieder zusammenfinden. Besonders die Jugend. Auch ich habe unter den Nazis gelitten. Ich bin Jüdin, ich war im Konzentrationslager. Und dennoch lebe ich jetzt überaus glücklich in Berlin, mit jungen Leuten, in einer neuen Welt. Wir müssen uns die Hände reichen, sonst zerbricht alles Leben.« Wahnsinniger Applaus, Trampeln, junge Gesichter strahlten mich an. »Also, wollen wir jetzt in deutsch weitersprechen?« – »Ja, ja, ja!« Das war für mich sehr ergreifend.

Ich liebe Holland, und ich liebe die Holländer: für ihren Mut und für ihre Hilfe, die sie im Krieg bis zur Selbstaufgabe jüdischen Flüchtlingen gegenüber gezeigt haben. Ich habe auch die holländische Navy, die während des Krieges nach Palästina gekommen war, kennengelernt. Es waren wunderbare Leute darunter. Außerdem liegen mir der holländische Humor und die Lebensfreude dieser Menschen.

Jeder Clown – und irgendwo bin ich ja auch ein Clown – wünscht sich irgendwann einmal, eine tragische Rolle zu spielen. Diese Chance bekam ich, als Rosa von Praunheim mir 1987 eine der Hauptrollen in seinem Film ›Anita Berber – Tänze des Lasters und des Grauens‹ anbot. Anita Berber, Skandalnudel des Ausdruckstanzes in den zwanziger Jahren, schockierte ihr Publikum durch ihre unverhüllten Darbietungen: Sie tanzte nackt. Mit 29 Jahren starb sie an Kokain, ihr Leben verlöschte wie eine Kerze. Rosa hatte eine geniale Idee: »Du wirst eine alte, geistesgestörte Frau spielen, eine Zeitgenossin von Anita Berber, die glaubt, daß sie Anita ist.«

Für drei Wochen mietete Rosa ein Haus auf dem Gelände der Bonhoeffer-Nervenheilanstalt in Berlin. Vor Beginn der Dreharbeiten besuchte ich mit ihm einige Male die geschlossene Abteilung, um das Verhalten von Nervenkranken zu studieren. Die junge Anita wurde von einer jungen Frau gespielt, die noch am Anfang ihrer Filmkarriere stand: Ina Blum. Nicht nur, daß sie sich tapfer durch die Wirren von Rosas Launen und Anforderungen schlug, sie löste auch ihre Aufgabe hervorragend. Sie hat ein ideales Gesicht, das genau in die zwanziger Jahre paßt. Und Elfi Mikesch leistete wie immer wunderbare Kameraarbeit.

Mein Part, der in der Gegenwart spielt, wurde mit Ton und in schwarz-weiß gedreht, die Szenen aus den zwanziger Jahren als Stummfilm in schrillen Farben – ein dramatischer Gegensatz und eine originelle Idee. Wieder einmal schlüpfte ich mit Haut und Haaren in meine Rolle. Während einer Straßenszene, in der ich meinen entblößten Hintern zur Schau stellte, rief eine Passantin entsetzt: »Einen Arzt, wir müssen einen Arzt rufen, diese Person ist doch krank!«

Um Rosa nach New York zu folgen, stieg ich im Januar 1988 in das Flugzeug. Er war vorausgeflogen, um die Premiere von ›Anita‹ vorzubereiten, und hatte geplant, daß ich nach der jeweiligen Vorführung des Films eine Performance geben sollte. Ich erzählte dem amerikanischen Kinopublikum aus meiner Jugendzeit, den zwanziger, den dreißiger Jahren, tanzte und sang meine eigenen Chansons. Drei Wochen blieb ich in dieser Stadt und wurde Abend für Abend mit Applaus überschüttet.

Schon die Reise, auf die ich mich zähneklappernd begab, war ein Abenteuer für sich. Als ich am Kennedy-Airport verloren und überwältigt von dem Krach und Gedränge ankam, brauchte ich erst einmal eine Weile, um herauszufinden, wo meine Koffer waren. Und dann die Kontrolle: »Stay here! Don't move!« Demütig wie ein Schaf mußte man warten, bis man an die Reihe kam. Die Reglementierung, die Art, wie der Ankömmling behandelt wird, erinnerte mich sehr an die Erzählungen der Emigranten aus den dreißiger Jahren. Ja, so muß es gewesen sein! Am liebsten wäre ich sofort nach Berlin zurückgeflogen. Als aber der Zollbeamte mich von oben bis unten musterte und fragte: »Have you brought any salami with you?« fand ich meinen Humor wieder: »What, haven't you got any salami in New York? Wenn ich das gewußt hätte, hätte ich dir eine lange, dicke Salami mitgebracht!«

Nachdem ich die erste Station erfolgreich hinter mich gebracht hatte, kam die zweite: die Paßkontrolle. Prüfend blickte der Beamte in meinen Paß, dann auf mich: »What is your purpose for coming here, Madam?« Mir platzte der Kragen: »To have same fun, baby!« zischte ich ihn in bester Mae-West-Manier an. Ohne eine Miene zu verziehen, gab er mir den Paß zurück und winkte mich durch. Endlich: New York, here I come! Und da war Rosa. Küsse, Umarmungen, Freude. Wir erwischten ein Taxi und fuhren nach Manhattan in die Green Street. Hoch oben, im 16. Stock, hatte der Architekt, ein Enkel von Hugo von Hofmannsthal, Fabrikräume in zwei Apartments verwandelt. Eines davon hatte Rosa gemietet. Die Aussicht war einmalig, besonders nachts, wenn das Empire State Building beleuchtet war. Die flimmernde Silhouette dieser Stadt – ein unglaublich faszinierender Anblick.

Ich konnte es immer noch nicht fassen: Ich war in New York! Und nicht nur »einfach so«, sondern als Filmstar. Um es kurz zu machen: Der Film war ein Riesenerfolg. Wir waren glücklich. ›The Boston Herald‹ schrieb über mich: »Can a star be born at 75? It can. Lottie Huber proves it in Rosa von Praunheim's film ›Anita – dances of vice‹. The spirited Huber steals the show in a role of a deluded old woman who believes that she is Anita Berber. It is a wonderful campy performance.« – »Irresistibly funny«, meinte die ›Village Voice‹, und ›Variety‹ nannte mich »a great discovery«. Na, bitte.

Auf Cocktailpartys wurde ich herumgereicht, und die Amerikaner bestürmten mich mit Fragen: »Wie lebt es sich in Berlin?« – »Warum sprichst du so ein gutes Englisch?« Und immer wieder die Frage: »How do you stay so young?« – »Ich bin nicht jung«, erklärte ich immer wieder, »ich bin 75 Jahre alt.

Nein, jung bin ich bestimmt nicht, aber erfahren. Ich liebe meine Erfahrungen. Und bin immer bereit, etwas dazuzulernen. Wenn das jung ist, dann bin ich es eben.« Es ist eigenartig, aber – egal wo – keine Frage wird mir so oft gestellt wie die nach meinem Alter. Der Jugendwahn unserer Gesellschaft ist idiotisch. Ich frage mich immer, wieviele Jahre sind dann eigentlich lebenswert? Die Zeit von Anfang bis Ende Zwanzig? Und was ist mit all den übrigen Jahren, dem eigentlichen Leben? Die Besessenheit, sich an die Jugend zu klammern, blockiert alles Lebendige. Mehr noch: Sie ist absolut lebensfeindlich. Für viele hört das Leben doch wirklich da auf, wo es beginnen sollte. Zwischen dreißig und vierzig entwickelt der Mensch normalerweise erst ein klares Bewußtsein von sich und seiner Umgebung. Wie oft höre ich den Ausspruch von jungen Leuten: Ich komme jetzt auch in die Jahre... Und dann sind sie um die dreißig. Und die um die vierzig fragen sich verzweifelt: »Was soll denn jetzt noch kommen?« Mit den ersten Falten stellen sich besonders Frauen oft in eine Warteposition, treten auf der Stelle und werden natürlich immer unzufriedener. Sie werden sich ihrer Falten bewußt, nicht aber ihrer Fähigkeiten. Dabei stecken in jedem Menschen so viele Möglichkeiten. Ich glaube nicht, daß ich da eine Ausnahme bin. Ich bin nicht die alte, weise Frau, die erhaben über dem Leben steht. Ich riskiere, ich fordere heraus, ich will mittendrin stehen. Ja, das Leben ist für mich eine großartige Reise – und ganz bestimmt kein Wartesaal. Jede Zeit ist meine Zeit.

»Warum bleibst du nicht in New York?« baten mich viele. »Du gehörst hierher.« Das war lieb und vielleicht sogar ernst gemeint. Aber New York ist keine Stadt für mich. Es hat nichts mit meinem Alter zu tun, wenn ich sage: New York ist mir zu hektisch, zu rücksichtslos, zu laut, zu brutal. Ich bin ein Romantiker, und in New York muß man Ellenbogen haben. Das mag ich nicht. Ich möchte meine Energie auf andere Dinge verwenden. Bei dem Gedanken, mich immer wieder durchsetzen zu müssen, wird mir schlecht. Nein: Ich bin eine Europäerin, durch und durch. Ich liebe Europa, und mehr als alles auf der Welt liebe ich Berlin. Ich wollte zurück.

In Berlin rief mich der Künstlerdienst an und fragte mich, ob ich am Silvesterabend in einem Berliner Hotel als Wahrsagerin auftreten wolle. »Sie brauchen das nicht ernst zu nehmen«, teilte man mir mit. »Sie müssen nur eine tolle Show abziehen und die Gäste beeindrucken.« – »So mache ich das bestimmt nicht«, antwortete ich. »Aber ich werde darüber nachdenken und zurückrufen.« Das war im Sommer, also hatte ich Zeit. Irgendwie faszinierte mich die Idee, aus der Hand zu lesen. Ich komme ja vom Tanz, und Gesten und Ausdruck der Hände hatten für mich immer eine große Bedeutung. Warum nicht Handlinien analysieren? Ich besorgte mir in London hochinteressante Literatur über Chirosophie – so heißt diese Wissenschaft. Ich sage bewußt »Wissenschaft«, auch wenn das Handlesen wenig anerkannt ist und oft belacht wird. Ich hörte nicht auf zu lesen. Gleichzeitig fing ich an, die Hände von meinen Freunden zu analysieren. Aufgeregt stellte ich fest, daß die Theorie unheimlich genau mit der Praxis übereinstimmt. Keine Hand gleicht der anderen, alle sind ebenso einmalig wie der Gang, der Blick, die Stimme oder die Gestik. Aristoteles nannte die Hand das Organ der Organe, das Instrument der Instrumente des menschlichen Körpers. Was mich immer beeindruckt hat: Bei einem Neugeborenen liegen die Finger über den Daumen. Langsam öffnet sich die Hand, und das Bewußtsein des jungen Lebewesens beginnt. Im Tode schließen sich die Finger dann wieder über den Daumen, und das Bewußtsein erlischt.

Ich habe in der Zeit einiges gelernt und den Silvesterjob dann auch angenommen. Natürlich sind mir Leute begegnet, die der Handlesekunst skeptisch gegenüberstehen. Aber wenn ich dem lautesten Schreier eine genaue Beschreibung seines Charakters gab und Geschehnisse aus seinem Leben erzählte, war er immer völlig sprachlos. Man muß natürlich ungeheuer aufpassen: Es gibt viel Humbug und Scharlatanerie auf diesem Gebiet.

Oft werde ich gefragt: Wie kannst du dich nach allem, was passiert ist, in Berlin wieder wohl fühlen? Dazu kann ich nur sagen: Ich werde mich nie in irgendwelche Dogmen zwängen lassen. Auch nicht in die Dogmen des Leidens und des Hassens.

»Here and now!« ist mein Wahlspruch. Ich habe das Berlin von heute in mein Herz geschlossen und lebe hier ohne Nostalgie oder Sehnsucht. Es ist das Berlin von heute, in dem ich mich weiterentwickeln konnte und das mir die Chance gegeben hat, mir meine Wünsche zu erfüllen: zu schreiben, zu spielen, zu filmen. Mit der heutigen Stadt kann ich mich mehr identifizieren als mit dem Berlin der dreißiger Jahre. Ich bin mittendrin im heutigen Geschehen. Ich fühle, daß ich mich immer weiter entwickele und es noch viel zu tun gibt für mich. Berlin ist mir wieder zur Heimat geworden. Und Heimat ist für mich Sprache. Wenn ich mit einem Menschen in meiner Sprache sprechen kann und verstanden werde – und damit meine ich nicht nur deutsch –, dann bin ich zu Hause. Und daß das wieder möglich ist! Bei strahlendem Sonnenschein spaziere ich durch das Brandenburger Tor. Ich bin glücklich.

Mir fällt noch ein Erlebnis ein: Auf dem Müll fand ich einen Blumentopf, in dem sich nur noch ein nackter Stumpf befand. Ich nahm den Topf mit in meine Wohnung, stellte ihn auf die Fensterbank meines Schlafzimmers und sagte zu dem Stumpf: »Siehst du, so wie dir ist es auch mir ergangen. Und jetzt mußt du wieder blühen.« Jeden Tag begoß ich ihn und bat ihn immer wieder: »Du mußt blühen. Du mußt es für mich tun.«

Ich wollte schon aufgeben. Wahrscheinlich war es ihm zu schlecht ergangen, und er konnte sich nicht mehr erholen. Traurig stand ich wieder einmal mit meiner Gießkanne bewaffnet vor dem Blumentopf. Irrte ich mich, oder lugte da eine winzige grüne Spitze aus dem Stumpf hervor? Ich war so glücklich, daß mir die Tränen in die Augen stiegen. »Ich liebe dich«, flüsterte ich, »ich liebe dich. Mach weiter, mach weiter.« Immer, wenn ich sie begieße, zittern die Blätter meiner jungen Palme kaum merklich, als wenn sie sich bedanken wollte. »Siehst du«, sagte ich zu ihr, »niemals aufgeben! Leben – leben – leben.«

Das war's – vorläufig.

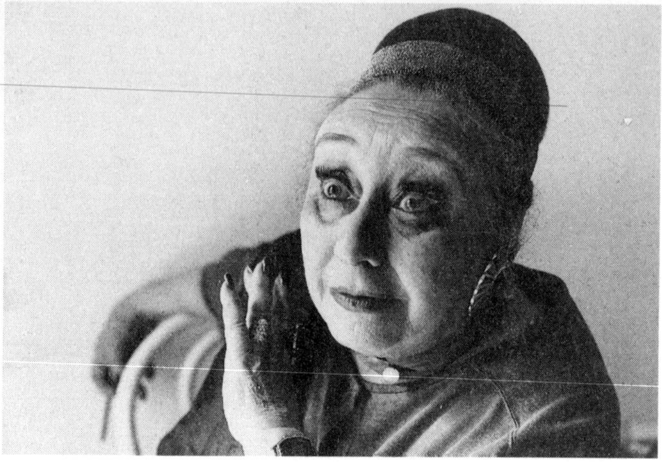

Lotti Huber

Jede Zeit ist meine Zeit

Gespräche

»Dialoge sind ihr zweites Buch, und das ist gut so. War ihr Erstling die Rahmenhandlung, die sein muß, um das Gesamtgeschehen zu verstehen, entfaltet erst das zweite Buch den Kern, den Schatz der Lotti Huber: ihren unglaublichen Gedankenreichtum, ihre Fähigkeit zu prägnantem Ausdruck, ihre Beschlagenheit, ihre Originalität.« *Kieler Nachrichten*

»Deshalb ist die Idee ihres Verlages, die 1990 erschienenen Memoiren als Interview fortzusetzen, nicht der einfache Wiederholungsversuch eines Erfolges. Es ist die gelungenere Form.« *Deutsche Presse Agentur*

»Ein Buch für Fans, für Neugieriggewordene, aber auch eines, das man eigentlich mit den Ohren lesen müßte... Wenn die Huber plaudert, abschweift, provoziert, auf den Punkt kommt, entsteht keine Interview-Langeweile.« *Kölnische Rundschau*

Herausgegeben und mit einem Vorwort von Peter Süß
Zweite Auflage
192 Seiten mit 24 Fotografien
ISBN 3 86034 101 4

EDITION DIÁ